# 不必向長安

## 沈周的
## 记忆抽帧术

金哲为 著

**图书在版编目（CIP）数据**

不必向长安：沈周的记忆抽帧术 / 金哲为著. --
南京：江苏凤凰美术出版社, 2024.3（2024.6重印）
ISBN 978-7-5741-1325-1

Ⅰ.①不… Ⅱ.①金… Ⅲ.①沈周（1427—1509）–
人物研究 Ⅳ.①K825.72

中国国家版本馆CIP数据核字（2024）第016327号

责任编辑　郭　渊
　　　　　刘秋文
封面设计　马海云
责任校对　陆鸿雁
责任监印　生　媛
新媒体营销　舒金佳

| | | |
|---|---|---|
| 书　　名 | 不必向长安：沈周的记忆抽帧术 | |
| 著　　者 | 金哲为 | |
| 出版发行 | 江苏凤凰美术出版社（南京市湖南路1号　邮编：210009） | |
| 制　　版 | 南京新华丰制版有限公司 | |
| 印　　刷 | 南京爱德印刷有限公司 | |
| 开　　本 | 889mm×1194mm　1/32 | |
| 印　　张 | 8.875 | |
| 字　　数 | 182千 | |
| 版　　次 | 2024年3月第1版　2024年6月第2次印刷 | |
| 标准书号 | ISBN 978-7-5741-1325-1 | |
| 定　　价 | 98.00元 | |

营销部电话　025-68155675　营销部地址　南京市湖南路1号
江苏凤凰美术出版社图书凡印装错误可向承印厂调换

# 目　录

# 《卧游图册》与记忆抽帧术

"抽帧"原指在一段视频中通过一定间隔抽取若干帧图像，再将其拼接为一段新视频的行为。当视频的保存时间超过全量存储留存期后，系统将逐步删除非关键帧，减少存储容量，以有效延长视频信息的保存时间，这又被称为"抽帧存储"。

我在这本书里做的事，简而言之就是：借助沈周隐藏在《卧游图册》里的提示，于浩如烟海的相关诗文与书画中抽取关键帧，从而把这位明代隐士83年的一生，尽可能按他的原意剪辑成片。

所有的一切，都要从那套《卧游图册》说起。

明正德元年（1506）春，80岁的沈周完成了一件费时三载的精心之作——《卧游小册》。百年后，画册流传至晚明徽商王越石之手。一日，王越石邀请著名的鉴藏家张丑过府品评所藏古玩书画，于是留下了世间关于那件《卧游小册》的唯一描述：

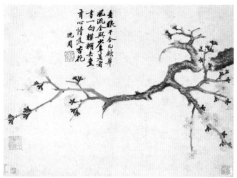

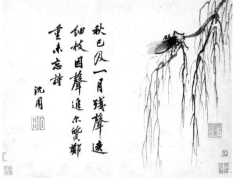

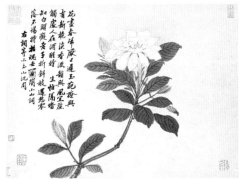

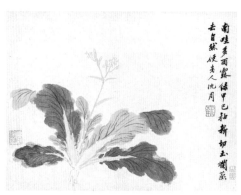

图1—图18 明 沈周 《卧游图册》 故宫博物院藏

沈启南卧游小册绢本凡廿四帧：按跋尾，经始于甲子之岁，图成于丙寅之春，时年正八十矣，而精细古雅，气可食牛，是宜子畏徵仲诸公敛衽屈服也。此册今在王越石处。

——张丑《真迹日录·卷一》

今天，这件张丑口中让唐寅（子畏）、文徵明（徵仲）等名手见了都要甘拜下风的精美画册早已失传。然而借由北京故宫博物院珍藏的一组 17 开的沈周《卧游图册》真迹[1]，我们依然可以得见沈周晚年老当益壮的风采，以及更重要的——想象那件《卧游小册》里的内容。

北京故宫的这 17 开《卧游图册》用笔老到、设色典雅，绝对也配得上"精细古雅，气可食牛"的评语。内容上则分别画的是：《仿倪瓒山水》《杏花》《黄葵》《秋柳鸣蝉》《平坡散牧》《栀子花》《仿吴镇山水》《芙蓉》《枇杷》《秋日读庄》《石榴》《雏鸡》《秋江钓艇》《菜花》《江山坐话》《仿米家云山》《雪江渔夫》[2]（图 1—图 18）。

"卧游"成为中国历史上一个常见的画题，始于南朝宗炳。他和陶渊明一同被记载在《宋书·隐逸传》中，是当时最著名的隐士。不同于早早归隐田园的陶渊明，宗炳还是一个狂热的背包客：

好山水，爱远游，西陟荆、巫，南登衡、岳，因而结宇衡山，欲怀尚平之志。有疾还江陵，叹曰："老疾俱至，名山恐难遍睹，

图 19　南宋　李氏　《潇湘卧游图》（局部）　东京国立博物馆藏

唯当澄怀观道，卧以游之。"凡所游履，皆图之于室，谓人曰："抚
琴动操，欲令众山皆响。"

———《宋书·宗炳传》

　　宗炳一生不仕，遍游天下，老了腿脚不便却仍心向名山大川，

就想出了"卧游"的办法——他画下曾经去过的山水，将它们挂在墙壁上，不用出门，躺着就能随画图神游。可以说，卧游图天生具备一种回忆的属性。而当作画的对象由自己变为他人时，观赏卧游图的行为又成为记忆的共享。宋代李氏《潇湘卧游图》就是一例。该画是"舒城李氏"为云谷禅师所作（图19）。

雲谷老師妙齡訪道方外之跡遍浙江東江西
諸山窮幽選璚詭之觀心室倦遊歸卧予吳
興之金斗山且十七年宜於山水飫聞而厭見
況睹墨所幻顧何之進舒城李生為
師作瀟湘橫看愛之俾余評余謂昔人見斷
墻而知畫斷墻非所以為畫而心適興畫
會耳故畫無工拙要在會心豪披此軸飄然
超塵外之想京師有之佳處畫之佳否尚不議而
師一丘一壑寄形有不亢者簡中活句都請諸
人別為拈出乾道庚寅重陽蒙齋居士章深
題

雲谷師行腳卅年幾遍山
河大地心空及第歸猶以不
到瀟湘為恨每運名筆
使之圖寫問為好事耶予
亦頃不蘄此軸最後而住
予季不識畫師永玻語莫
知所贊也然師亦知夫學
上之妙喜耳平之兆主曾沾
之以雲夢夢之者乎不去戶庭
師已遊瀟湘矣乾道辛卯
中秋可齋居士葛郯書

图20、图21　《潇湘卧游图》卷后题跋两则

云谷老师妙龄访道方外，足迹遍浙江东西诸山，穷幽邈瑰诡之观。心空倦游，归卧于吴兴之金斗山，且十七年，宜于山水饫闻而厌见。况纸墨所幻，顾何足进。

——卷后南宋章深跋（节选）（图 20）

云谷师行脚卅年，几遍山河大地。心空及弟归，犹以不到潇湘为恨。每遇名笔，使之图写，间为好事取去，亦复不鲜。此轴最后所作。

——卷后南宋葛郯跋（节选）（图 21）

云谷禅师年轻时用 30 年时间遍游浙江诸山，后定居吴兴金斗山近 17 年，浙地山水早已看厌，寻常的纸上山水当然就更无法入眼。画家李氏绘制《潇湘卧游图》，通过旅途经验的共享，在某种程度上弥补了云谷潇湘未到的遗憾。

总而言之，无论是为己还是为他人创作，于创作者而言，卧游图都带有明显的回忆属性：作于具备一定阅历的人生阶段，描画的内容是曾游历的山水。故宫所藏的沈周《卧游图册》满足了前者[3]，却没有明确的山水地点。

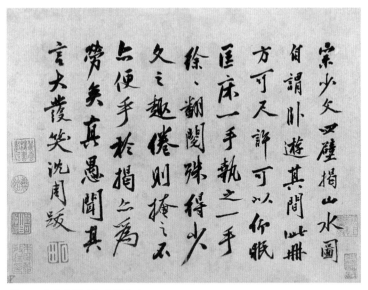

图 22    《卧游图册》沈周自跋

宗少文四壁揭山水图，自谓卧游其间。此册方可尺许，可以
仰眠匡床，一手执之，一手徐徐翻阅，殊得少文之趣。倦则掩之，
不亦便乎？于揭亦为劳矣。真愚闻其言，大发笑。沈周跋。（图
22）

在《卧游图册》里，沈周承认灵感来自宗炳，且表示小尺寸
的册页形式较"四壁揭图"观赏起来更为方便。然而他并没有解
释为何画的内容如此不同，却依然"殊得少文（宗炳字）之趣"。
唯一可能的解释是：沈周心中宗炳创作卧游图的精髓，也就是所谓的"少文之趣",并非在于山水。

这最直接体现在册页的形式上。小尺幅虽方便观赏，画家却实难将某一具体的山水容纳其中，更不消说达到神游名山的效果。上海博物馆藏沈周晚年所作的《吴中山水卷》（图23、图24），就是选用长卷的形式来包罗曾游历的吴中山水。卷尾自题诗有"聊因此图识所见，卧游一生还自甘"之句，可见要达到传统意义上的卧游，沈周也自知册页绝非最好的选择。那为什么还要选用册页的形式呢？或者说：为什么要以"卧游"命名这样一组册页？

这是因为沈周心中真正的"少文之趣"或"卧游的奥义"，是一种以图画检索回忆的方式。至于图画的内容，可以是山水，也可以是生命中任何承载了记忆片段的事物。

沈周钟爱游山玩水是人所共知的，但因未曾入仕，且秉持"父母在不远游"的儒家思想(母亲活到了99岁)，一生足迹实未出"江浙沪"[4]。这一点与走遍浙江诸山却以未到潇湘为恨的云谷禅师有相似之处。因为生命中没有踏足名山大川的记忆，自然也就无法像宗炳一样将过往游历之记忆成像。苏州城外的山水，尤其是西山与太湖沿岸一带，沈周固然时常"留恋弥日"（同注4），但就像云谷禅师一样，对着同样的风景看了一辈子，即使热爱不改，难免也有疲倦之感。何况他一辈子创作的吴中诸山水、景点的画作多矣，实没有必要再在类似"回忆录"的画册里重新刻画某处具体地点的景致。

平生足迹自局是必须接受的现实，却没有限制沈周拥有满满

图 23　沈周　《吴中山水卷》
上海博物馆藏

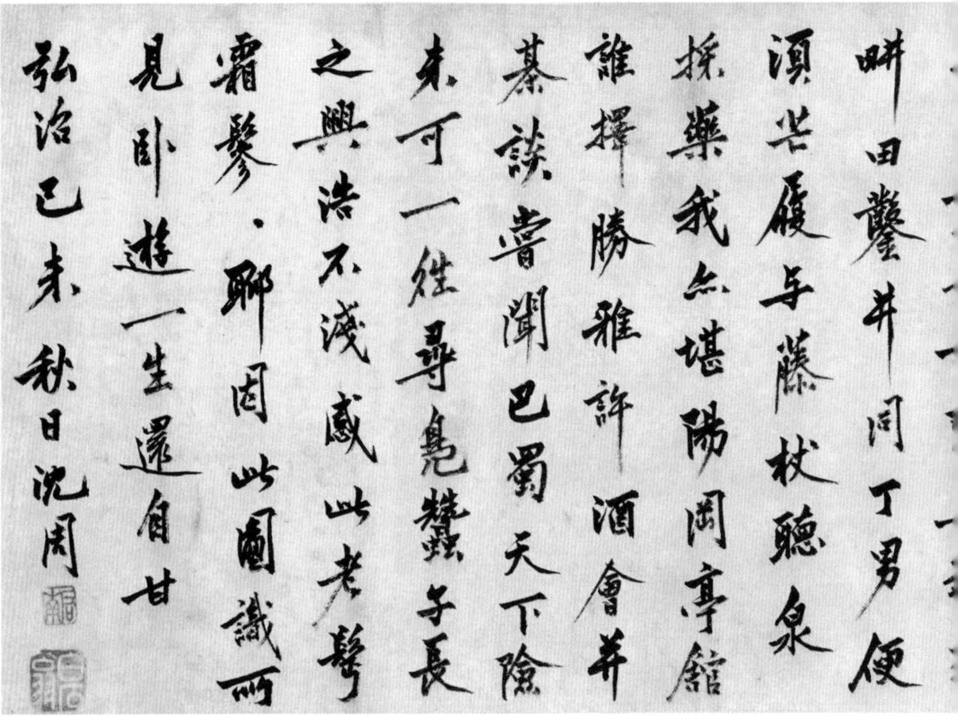

畦田鑿井同丁男便
滇茫履与藤杖聽泉
採藥我众堪陽闽亭舘
誰擇勝雅許酒會并
茗談嘗聞巴蜀天下險
未可一姓尋亀鼈子長
之興浩不淺感此老髯
霜鬢‧聊因此圖識兩
見卧遊一生還自甘
弘治己未秋日沈周

图 24　《吴中山水卷》题跋

吴之为国水而涵有山
平衍无嵊岩我家
多水少山虑胀望翠
微心而贪时牋借墨
补不足数师连络长
者粗峯峦重複间溪
潊杂树列布多枫梅
或开大壑浸山送其树
半为浮云含偃庐隐
映远木杪平坦道谷出

回忆的权利。当深入研究《卧游图册》，就会发现它们指向了沈周一生不同主题的记忆。在这本书余下的篇幅里，我将《卧游图册》里的 17 开图画重新排列组合，归类出 9 大主题，每个主题下又由多个关键帧组成，每一帧的讲述都会涉及多件与其相关的书画作品。因此虽然本书是从 17 开图像出发，串起的却是其近百幅画作，贯穿沈周的一生。当靠近生命的终点，记忆力和视力一样变得模糊，唯有那些曾经铭刻内心的画面依旧鲜活。

注释

1. 因为作于纸本之上，所以绝非那件绢本《卧游小册》的部分。

2. 名称大体沿用自故宫博物院官网，少数在比对画中内容后有更具体的调整，如《黄葵》（原《秋葵》）、《仿吴镇山水》（原《秋景山水》）、《秋日读庄》（原《秋山读书》）、《仿米家云山》（原《仿米山水》）。

3. 此册无论是图画内容还是题诗（"千山一白照人头""老眼于今已欠华"等），都明确是沈周晚年所作。

4. 沈周《西山纪游图》自跋："余生育吴会六十年矣，足迹自局，未能裹粮仗剑，以极天下山水之奇观以自广。时时棹酒船放游西山，寻诗采药，留恋弥日，少厌平生好游未足之心。归而追寻其迹，辄放笔想像，一林一溪，一峦一坞，留几格间自玩。"又《石田稿》中有《送桑鹤溪游浙》一首，中有"雁宕，予之所愿游而未得者，盖无东道之主，且有老母在"之句。按，《明史·沈周传》言沈周之母"年九十九而终"。文徵明《沈先生行状》又云："母张夫人，年几百龄，卒时先生八十年矣，犹孺慕不已。"

# 第一章
## 小轩四季

秋色韫仙骨，
淡姿风露中。
衣裳不胜薄，
倚向石阑东。

——沈周 《黄葵》

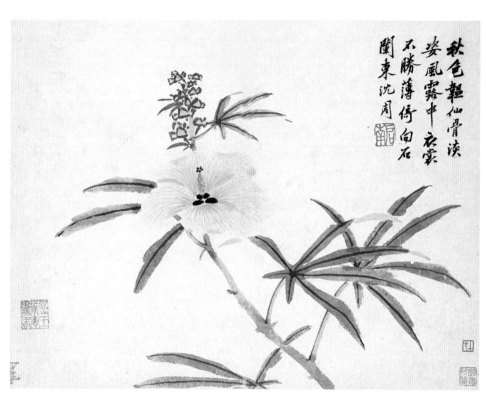

秋色韆仙骨淡
姿風露中衣裳
不勝薄倚向石
閩東沈周

沈周　《卧游图册》之《黄葵》

## 东阑花事

秋轩，本是沈家祖宅西庄内一间平平无奇的小轩。

这年春天，沈周决定将荒废已久的小轩修葺一番。他清理轩前庭院里的杂草，翻土施肥，买来数株花卉栽下。没想到还未见得几日繁华，东侧石阑的牡丹就被好事者连根盗去（图1）。

> 荒庭粗整石阑干，始买花栽得牡丹。
> 富贵同心有人爱，繁华移手别家看。
> 烟根已拨苔犹破，雨坎空存土未漫。
> 笑抚老怀无所惜，固知留到子孙难。

——沈周《东阑牡丹为好事者掘去》

辛苦栽种的牡丹被盗，沈周却并不恼怒，这从他用"好事者"来称呼"采花贼"就可看出。他甚至觉得"好事者"跟他一样都是爱花人，何况渐老的自己已明白花开再好也难长久，干脆作诗

不須千万朵
一柄足春風

图1 沈周 《写生卷》之《牡丹》 台北故宫博物院藏

一笑而过。从后来的发展来看，这次的盗花事件并没有影响沈周栽植牡丹的"执着"。在81岁时的一件作品里，他细数了种于小轩前的花卉品种：

秋轩前杂植凡数种，花开时辄弄笔象之于纸。次第得十翻，盖散人弄饱饭之活计也，观者勿以工拙为诮。八十一翁沈周识[1]。

如沈周所言，有时酒足饭饱，他会于秋轩内为眼前所开之花写真。几年下来共画下十翻（一翻即一幅）不同的花卉，其中 8 种是牡丹、水仙、芙蓉、甘菊、栀子、鸡冠、山茶和百合（同注 1）。鉴于《卧游图册》中《黄葵》一帧的题画诗里有"倚向石阑东"之句，剩下的两种花卉其一应为黄葵无疑。这在沈周 53 岁时所作的《秋轩记》中得到了印证。

轩附全庆堂为右诒，虽小颇幽致。前有方庭，杂植芙蓉、黄葵、甘菊。鲜荣发而凉风至，夕阳满地，错采可爱。四时惟秋宜焉，地又西偏，西寔秋位，秋之宜其轩者多矣。余谓秋弗特宜其轩，亦及于轩中之人。轩中之人，听茫茫，视荒荒，多怠而健忘，岂非精神气血之秋欤？

——沈周 《秋轩记》节选一

这段节选里，沈周讲述了为小轩取名"秋轩"的三个原因，先来看前两个：一是其地位于西庄主室全庆堂的西侧，而秋位也在西；二是秋日里庭中芙蓉、黄葵、甘菊盛开，黄昏时分凉风习习，"夕阳满地，错采（彩）可爱"，最适合停留观赏，故此地"四时惟宜秋"。鸡冠花的花季也在秋，或许彼时的沈周尚未种植，所以不曾罗列进《秋轩记》中。

特别需要注意的是，根据《秋轩记》里的这段文字，我们很容易就以为秋轩内只有芙蓉、黄葵、甘菊等秋天盛开的花卉。首先这并不符合沈周 81 岁时那件写生图卷的内容；其次，于情于理，爱花的沈周也不可能放任秋轩在一年的大部分时间里落得一副衰败零落、无花可赏的样子。他以"秋"名轩的第二个原因实际重点并非在花种，而是秋日黄昏时有凉风和满地夕阳，与花卉的鲜艳相得益彰，营造了最佳的视觉效果和观赏氛围，这是其他几个季节所不具备的。

牡丹在春季盛开，栀子花（图2）绽于初夏，山茶、水仙能耐冬寒，想来不同时节沈周都植所爱之花于轩前花阑内，以供时时欣赏。《卧游图册》中的花品，夏、秋者都指向了秋轩，考虑到秋轩内已知的春花只有牡丹一种，那剩下的《杏花》（图3）似乎恰好填补了"十翻"里的最后"一翻"。

这并非凭空的猜测。沈周为小轩命名秋轩的第三个原因，亦为最重要之原因，是回到轩中时的自己已进入了"听茫茫，视荒荒，多怠而健忘"的"精神气血之秋"。这一点在《栀子花》《杏花》两首非秋花的题诗中有一致的体现：

> 花尽春归厌日迟，玉葩撩兴有新栀。
>
> 淡香流韵与风宜。帘触处、人在酒醒时。
>
> 生怕隔墙知。白头痴老子，折斜枝。
>
> 还愁零落不堪持。招魂去、一阕小山词。
>
> ——沈周《栀子花》

> 老眼于今已敛华，风流全与少年差。
>
> 看书一向模糊去，岂有心情及杏花。
>
> ——沈周《杏花》

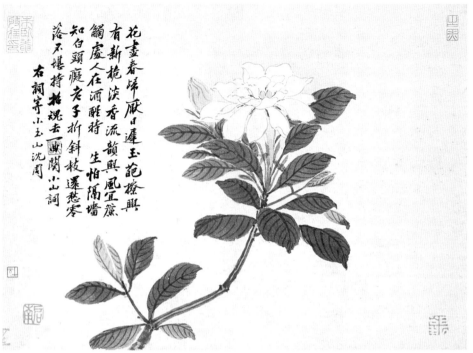

图 2　沈周　《卧游图册》之《栀子花》

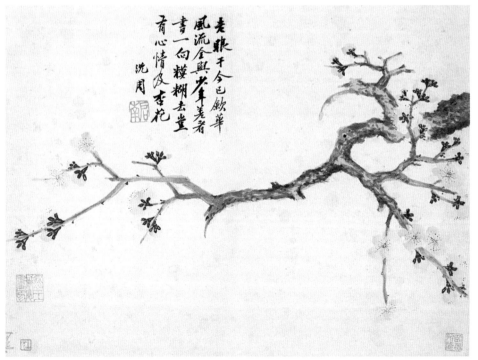

图 3　沈周　《卧游图册》之《杏花》

第一首词写暮春初夏，几乎无花可赏，沈周便嫌白天过得太慢。好在还可以对着庭前新开的栀子花引杯独酌，当醉意袭来，他便进屋趴在书案上睡着了。午后，清风穿过帘子，发出沙沙声的同时带进淡淡的香气，唤醒了睡梦中的沈周。他起身来到屋外，折下一段花枝，心想要是被别人看到，定要笑话他这老头子竟也是个"花痴"。可怜新开的花儿还是太脆弱了，刚拿在手中把玩就接连零落。沈周遂拟晏几道（号小山）的婉约词风作曲，为花招魂。

第二首诗沈周说自己老了视力大不如前，风流也远逊少年时。连看书都觉得模糊，又哪有闲情观赏杏花？然若是不再喜欢赏杏花了，又何必形之于图呢？这种对年华渐老的忧惧，与第一首词中人至晚年如花脆弱的心境表达是极为类似的。花虽然是春夏的花，映照的却都是处在人生之秋的主人。


## 轩中华发

在《黄葵》一帧的题诗中，虽然没有出现"白头老子""老眼模糊"这类的字眼，沈周描画的黄葵"衣裳单薄"，倚立风露之中，实际也是对其生命易逝的担忧。这在他的另一幅《秋葵》扇面（图4）中有更明了的阐释：

庭前秋葵一枝，敧阑独立，檀心自舒，犹佳人含思，清愁大有可怜之态。第恐一朝萎露，因寄之丹青以永观。周。

图 4　沈周　《秋葵》　台北故宫博物院藏

　　倚阑独立的秋葵似佳人含愁，身姿绰约，于秋风中楚楚可怜。
担心它一朝枯萎，便寄之丹青，以作永久之观。这也是沈周将《黄
葵》，甚至是其他所有花卉绘入《卧游图册》的深层动机：开得
再美好的花朵都无法逃脱凋零的命运，分别描画成图，便可四季
常在。

　　现在我们可以来尝试理解一下花农沈周的选品思路：牡丹浓
艳无比，《写生卷》里说"不需千万朵，一柄足春风"，再有杏
花作陪，两种便能教群芳逊色；夏、冬两季花种不多，栀子、百
合与山茶、水仙是少有的选择；秋日木叶凋零，强烈的衰败之感
亟须一种旺盛方能抵挡，就不难理解黄葵、芙蓉、甘菊、鸡冠的
齐聚了。

　　随着年岁的增长，秋轩里的花卉品种愈加丰富。但翻检《卧

游图册》，我们似乎明白了它们中谁才是沈周的最爱。也正是这几帧图画，指引我们翻开一段段发生在秋轩里的记忆。

相城沈氏一族自沈周曾祖沈良夫妇辛勤创业，于明初成为"屋宇鼎新、赀产益充"（张宜《徐孺人墓志铭》）的富庶之家。沈良之子沈澄雅好诗书，营建了"有亭馆花竹之胜，水云烟月之娱"（杜琼《西庄雅集图记》）的西庄，日与文士饮酒赋诗其间。

永乐初年，同辈的吴中文士多在朝中谋得一官半职，正值壮年的沈澄也以贤才征赴京师。或许是看不惯官场的钩心斗角，或者突然醒悟人生并非定要随波逐流，也有可能只是放不下他心爱的西庄和吴地山水，在将授官职的时刻，沈澄称疾而还。回到西庄的他再次过起了之前悠游林下的生活，也开启了沈氏一族不乐仕进的家风。他日宴宾客，被时人比作元代的顾瑛[2]。没有宴会的时候，祖孙三代相聚一堂，以诗书礼乐相娱。

> 其族之盛，不特赀产之富，盖亦有诗书礼乐以为之业。当其燕闲，父子祖孙相聚一堂，商榷古今，情发于诗，有倡有和。仪度文章，雍容详雅。四方贤士大夫闻风踵门，请观其礼，殆无虚日。三吴间一时论盛族，咸推相城沈氏为之最焉。
>
> ——陈颀《同斋沈君墓志铭》

同斋是沈周父亲沈恒的号，其字恒吉，是沈澄的次子，"平生好客，绰有父风"[3]，"日必具酒肴以须，客至则相与剧饮，虽甚醉，不乱"（吴宽《隆池阡表》）。沈澄长子沈贞，字贞吉，

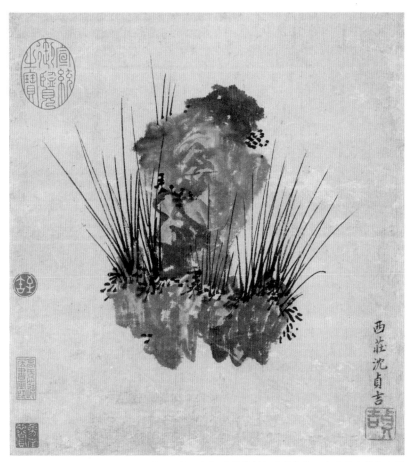

图 5　明　沈贞《菖蒲图》（局部）　台北故宫博物院藏

号南斋，他"画师董源"（《清河书画舫》），"读书能诗"（《南濠诗话》），与沈恒一同成为沈周诗画的启蒙（图5）。从幼年到壮年，沈周每个时期关于秋轩最鲜明的记忆，都与父辈们密不可分。

……先公抱致周时，哺饴弄雏，寔于斯也。先人宾客满座，卷鞲鞠膪，捧觞为寿，亦于斯也。今之于斯，余则苍颜华发，得以婆娑自适。

——沈周《秋轩记》节选二

沈周出生时，祖父沈澄 52 岁[4]，差不多正是他写《秋轩记》时的年纪。他时时想起祖父在轩前的庭院里，抱着自己逗弄喂食的场景。祖父去世那年（终年 88 岁），伯父沈贞 64 岁，父亲沈恒也已年过半百。记忆中，每每到了他们三人的寿辰，宾客们在全庆堂内吃完饭后，往往移步小轩饮酒品茗，联句赋诗，彻夜不眠。

天顺五年（1461）祖父 86 岁初度，亲朋好友们早早来到西庄祝贺。刘珏因事到得最晚，连作三诗为寿[5]，其中一首名为《沈絸庵（沈澄号）西庄赏灯》，用如画的诗笔，为我们重现了当时热闹非凡、喜气洋洋的场面。

星斗流光照绮筵，不知明月到堂前。
龙门忽产三株树，玉井初开十丈莲。
火底笙歌春似海，壶中天地夜如年。
不才愧我陪高会，先捧瑶觞寿老仙。

是夜，不仅屋内都装点了各式各样的花灯，全庆堂前也挂上了圆圆的大灯笼，好像是摘下了天上的圆月。唐代绛州龙门的王勔、王勮、王勃三兄弟皆负文才，人称“三株树”（《新唐书 · 王勃传》），这是刘珏借以比喻沈澄的两个儿子以及才名日盛的长孙沈周。又传说华山玉井里有一朵十丈大的莲花，服之可羽化登仙。刘珏言此神花于今"初开"，意为对寿星沈澄的美好祝愿[6]。

无数灯火之下，是庭院里被照得鲜艳无比的春日花草（地点已从摆有"绮筵"的全庆堂转到了花木葱茏、宾客们"捧觞为寿"的秋轩），多希望这样欢乐的时光能像进入仙人壶中，永远不会结束。

可是人生若是已到了秋天，时光总是好像走得更快些。两年后，沈澄寿终正寝。成化七年（1471），沈周父亲患风痹，手足拘挛，于六年后去世。成化十五年（1479）十月二十一日，伯父沈贞八十生辰，宾客们从四方来到相城贺寿。席间沈贞"倏忽不宁，便沉剧"（祝允明《韩先生传》），还好名医韩襄也在宾客之列，方稳住了病情。沈贞卒年无考，然沈周作于同年的《秋轩记》中已称"先人"，则其极有可能过完生辰不久便逝去了[7]。

曾经的秋轩总是很热闹，自此以后，这里就很久没有过宾客满座、纵享天伦的时光了。

## 比庐山更高

秋轩为祖父所营建，如果建筑有生命，它在沈周写《秋轩记》时也已进入了自己的秋天。这又是沈周将其命名为秋轩的第四个原因。

……念乎寻丈之宇，百年之寓，盖解堞脱而苟存者，亦已久矣。其能阅成吾世，阅成吾生，阅久而弊，亦成轩之秋也。人之衰，人之秋也。秋，挈也。余少壮妄慕妄求，而莫之就者，一委诸挈敛，以养其衰、傒其老、全其生于斯也，遂名斯轩曰"秋轩"。

——沈周《秋轩记》节选三

中年以来，沈周在距西庄约一里外的湖边营建了"有竹居"别业，那里也成为他平日读书作画、饮酒宴客之所。加上常常往虎丘、西山一带游玩，或寓居苏州城内之僧舍，沈周待在秋轩里的时间就更少了。伯父沈贞高寿，却因晚年慕道，大多数时间修净业于石室内，很少待在家中，甚至连自己的亲儿子都不常相见[8]，大概也只有在八十生辰这样的日子，才会回到西庄祖宅。秋轩内的花花草草总是乏人料理，想来这才有了开篇所引诗中的"荒庭粗整""始买花栽"。

任何事做到有始有终都不容易，即使是做风流潇洒的隐士。祖父、伯父少壮时都有所外慕，或为官职，或为长生。即使恬淡如父亲沈恒和自己，也难免为俗务与浮名所累。沈周在年过半百，正式进入人生之秋的时候，选择收拾向外慕求的身心，回到秋轩里"养其衰、傒其老、全其生"。

秋冷江空处，孤芳不及时。

还如老溪叟，默默有谁知。

——沈周《芙蓉》（图6）

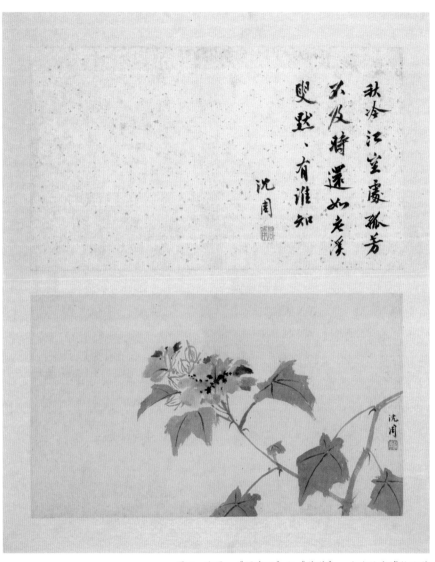

秋冷江空蔓孤芳
不及荷残如老溪
颯颯有誰知

沈周

图6　沈周　《写意册》之《芙蓉》　台北故宫博物院藏

图 7　沈周　《卧游图册》之《芙蓉》

芙蓉之艳不亚牡丹，却开在清寒的秋季和人迹罕至的溪边，就像才高如王勃却默默沉浮乡里的沈周。纵使只能孤芳自赏，它亦开得灿烂，开得热烈。

芙蓉清骨出仙胎，赭玉玲珑轧露开。

天亦要妆秋富贵，锦江翻作楚江来。

——沈周《芙蓉》（图7）

唐代诗人杜甫流落成都时，于暮春登楼远眺，见两岸百花乱绽，写下"锦江春色来天地"（《登楼》）的名句，意为江水携铺天盖地的春色翻涌而来。相反，楚江因屈原的关系，从来都令人联想到秋日的萧瑟。这里沈周化用杜甫诗意，言老天偏偏要为秋天装点富贵，这才令芙蓉于此季盛开。若要选一种花代表沈周，没有比芙蓉更贴切的了。当秋轩老坏渐朽，它见证的不只是发生在这里的欢乐和喧嚣，还有沈氏一族三代向内观照的隐士家风。

　　明成化二十年（1484）深秋，翻新打理后的秋轩迎来了一位熟悉的陌生人——阔别10多年的陈仪。沈周很久没有那么开心过了。他们二人于秋轩内秉烛把酒，回忆起往事种种，到了深夜还有说不完的话。

　　沈家与陈家是世交。元朝末年，沈周的曾祖父沈良与陈仪的曾祖父陈汝言同为"元四家"之一的王蒙的好友，二人也因此成为知交。到了下一代，沈澄优游林下，陈汝言之子陈继则官任翰林检讨。陈继早年曾受沈澄之请做过沈贞、沈恒兄弟的老师[9]，后来因眼疾致仕还乡。多年来一直侍父在侧的陈宽也早已长成一代名儒。江南士人排着队请陈宽到家里做老师，"近水楼台"的沈恒得以先人一步为长子沈周觅得良师。陈仪正是陈宽长子。

　　主客二人肯定都清楚地记得17年前的端阳节，吴中名士云集陈仪家中，纷纷前来庆祝其父陈宽72岁的生辰。在当天众多的贺礼之中，最抢眼的要数一幅长近2米、宽1米的巨幅画轴《庐山高》（图8）。

图 8 沈周 《庐山高》
台北故宫博物院藏

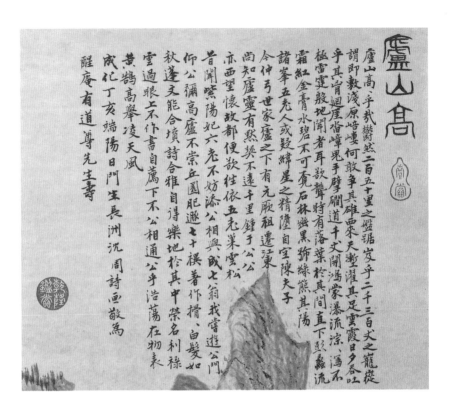

庐山高，高乎哉！

郁然二百五十里之盘踞，发乎二千三百丈之巃嵸。

谓即敷浅原，嵽嵲何敢争其雄？

西来天堑濯其足，云霞日夕吞吐乎其胸。

回崖沓嶂鬼手擘，磵道千丈开鸿蒙。

瀑流淙淙泻不极，雷霆殷地闻者耳欲聋。

时有落叶于其间，直下彭蠡流霜红。

金膏水碧不可觅，石林幽黑号绿熊。

其阳诸峰五老人，或疑纬星之精堕自空。

陈夫子，今仲弓。世家庐之下，有元厥祖迁江东。

尚知庐灵有默契，不远千里钟于公。

公亦西望怀故都，便欲往依五老巢云松。

昔闻紫阳妃六老，不妨添公相与成七翁。

我尝游公门，仰公弥高庐不崇。

丘园肥遁七十祀，著作撑撑白发如秋蓬。

文能合坟诗合雅，自得乐地于其中。

荣名利禄云过眼，上不作书自荐下不公相通。

公乎浩荡在物表，黄鹄高举凌天风。

成化丁亥端阳日，门生长洲沈周诗画，敬为醒庵有道尊先生寿。


　　北宋刘涣中年弃官归隐，居庐山 30 余年，与其为同科进士
的欧阳修曾作《庐山高歌》，歌咏庐山的美好与刘涣的隐士之德。
《宋史》记载刘涣"游心尘垢之外，超然无戚戚意，以寿终"。
陈宽祖上是从庐山迁至苏州，故沈周借这一古老诗题，以庐山之
高、古人之风比恩师的文章、德行，既表达了发自内心的崇敬之
情，又关照到了其眷恋故土之意。他画下不朽的高山、千龄的巨
松、如泻的活泉，祝愿恩师能像刘涣那样健康长寿。

　　在后半段，沈周表示虽然以《庐山高》为题，但是自己对恩
师的崇敬实则更胜庐山。这是因为陈宽有大才大德，却甘愿"丘
园肥遁七十祀"。对最爱那默默烂漫的"芙蓉"的沈周而言，这
无疑是至高的境界。在他心中，老师不慕浮名、潜心著述的隐者
之德，较巍然接受世人崇拜的庐山更为难得。

单论诗画的内容，这件礼物的情分已足深厚。但当我们洞悉其笔墨玄机，就更能体会沈周的良苦用心。

沈、陈二家的世交由王蒙而起，而陈宽祖父陈汝言与王蒙交情尤好，二人常在一起讨论画法，合作的《岱宗密雪图》亦传为一时佳话。沈周的《庐山高》全用王蒙笔法，那气象宏大的构图、浑然欲动的山体、层层而上的树石、如解索如牛毛的皴法，尽得王蒙神髓（图9），一同回应着前辈先人的交谊渊源与绘画传统。

寿宴当场能看出沈周画中深意的宾客或许不多，但陈宽一定是其中之一。他真切地明白这不是一件寻常的应酬礼物，而是煞费苦心的量身定制。得弟子如斯，做老师的如何能不既感动又宽慰。

沈周拜在陈宽门下的时间其实并不长。他天性颖悟，拜师没有几年，文章就已青出于蓝。陈宽为人严厉，从不轻易许可他人，看到弟子之作，自知已无可授，便主动辞去[10]。作《庐山高》那年的沈周41岁，声名已盛，离开师门也有数十年，仍毕恭毕敬写下"门生长洲沈周诗画，敬为醒庵有道尊先生寿"的落款。

因为父辈的关系，陈仪可以算得上是沈周的发小。二人自幼投契，长大后互相敬重。现今能找到的关于陈仪的记载不多，但从沈周的这首《赠陈世则》里，我们得以一窥其早年生活。

图 9　元　王蒙　《青卞隐居图》　上海博物馆藏

干禄未曾登荐稿，

养亲还自读医书。

名园绿水城南路，

大树啼鸦是故居。

——沈周《赠陈世则》

祖父陈继当年为翰林检讨，在朝中多故旧。陈仪若一心入仕，绝非难事。但他只是跟寻常学子一样埋首经籍中，同时自己读些医书，好侍奉逐渐老去的父亲。在《庐山高》诗里，沈周将老师陈宽比作当代"仲弓"（东汉名士陈寔的字）。陈宽为陈仪取字世则，则寄寓了他对长子能效仿东汉陈蕃（《世说新语》中称其"言为士则，行为世范"）的期待。从这首《赠陈世则》来看，陈仪没有让父亲失望。

当陈宽还是沈周老师的时候，教授的地点在西庄全庆堂东侧的"东广"[11]。少年陈仪常常侍父在旁，对全庆堂西的秋轩自不会陌生。二人10年未见，如今于此地重逢儿时好友，已经58岁的沈周感慨万千，作《秋轩晤旧图》（图10、图11），并在长跋中讲述了这么长时间未能见面的原因。

策策西风吹布裘，东林浊酒为君篘。

十年扫地逢黄叶，半夜挑灯话白头。

细酌漫倾真肺腑，新知何似旧交游。

金庭玉柱吾频梦，亦欲相期共远舟。

图 10　沈周　《秋轩晤旧图》　上海博物馆藏

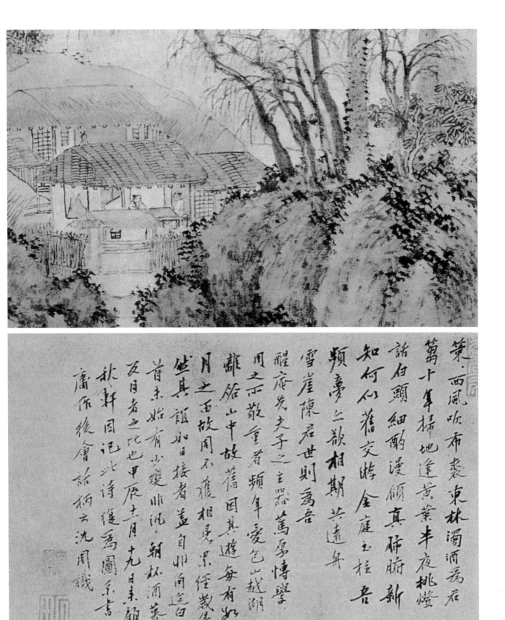

策，西風吹布裘東林滴酒為君
籌十年掃地逢黃葉丰夜挑燈
話白頭細酌漫傾真篰腑新
知何仙舊交游金庭玉柱吾
頻憂二敬相期共遠舟
雪崖陳君世則為吾
醒庵兌夫子之主器萬厚博學
周之示散重著頻年愛色山越湖
離給山中故舊因其遊每有如
月之舌故周不獲相見果徑裁年
坐其誼如日接者蓋自邶向迨白
首未始有少變非沈，朝林酒著
友月之二陀也甲辰十一月十九日未顧
秋軒同記此詩後為圖系書之
庸作後會話柄云沈周識

图 11、图 12　《秋轩晤旧图》（局部）

雪崖陈君世则，为吾醒庵先夫子之主器。笃厚博学，周之所敬重者。频年爱包山越湖，离俗山中。故旧因其游，每有如月之留。故周不获相见，累经岁年。<u>然其谊如日接者，盖自丱角迨白首，未始有少变，非汎汎朝杯酒、暮反目者之比也。</u>甲辰十一月十九日，来顾秋轩，因记此诗，复为图系，书之，庸作后会话柄云。沈周识。（图12）

原来10年前陈宽逝后[12]，了无牵挂的陈仪离俗隐居洞庭山[13]。那里本就路遥难寻，又因故友们时常邀请，他每次外出游玩都长达月余，过着真正的闲云野鹤般的生活，想见他一次并不容易。这天见陈仪披着布裘迎风而来，沈周亲自为其滤酒、斟满，发出"花径不曾缘客扫，蓬门今始为君开"（杜甫《客至》）的感慨。虽然很久没有见面，他却说彼此的情谊从童稚到白首都未曾有过变化，绝非那些朝饮酒、暮反目的泛泛之交。

二人越聊越痛快，酒也喝得沾满了下巴（"细酌漫倾真肺腑"又作"细酌满颔真肺腑"）。他们是从小到大的朋友，有许多共同的回忆值得追话；又因久别重逢，像刚认识的朋友一样，有无数的新鲜事可以分享。陈仪或许讲起他近年来钻研道家养生之术，未来将有出海访仙之行。对此，一向不信鬼神的沈周[14]竟"亦欲相期共远舟"。毕竟此番别后，真不知何时能再遇见这个神龙见首不见尾的发小。

沈周画下《秋轩晤旧图》，意在作为"后会话柄"。下面这首诗作于之后某一年的春天，二人连日赏花饮酒。地点或许在秋轩内，或许不是，但这并不重要。

花下一壶酒，人与花酬酢。

树上百枝花，花对人婵娟。

昨日颜色正新鲜，今朝少觉不如昨。

人若无花人不乐，花若无人花寂寞。

看花不是久远事，人生如花亦难托。

去年花下看花人，今年已渐随花落。

花且开，酒且酌，催花鼓板挝芍药。

醉他三万六千觞，我与花神作要约。

——沈周《看花吟劝陈世则酒》


即使只是过了一天，今天的花就已经明显没有了昨日的新鲜。春天看不见鲜花盛开人不会快乐，花开无人欣赏又是花的寂寞。花期总是短暂，人生也没有多长久。去年一同看花的人今年多已随花凋落。但想那么多不过是徒增烦恼。一年三百六十日，"我"要与花神定下日对鲜花饮百杯的约定。眼前催花鼓过，芍药正开，快干了杯中酒，沈周对陈仪说。

注释

1.此卷又名《写生花卉卷》，著录于高士奇《江村销夏录》、顾麟士《过云楼续书画集》，现身于2008年香港佳士得秋拍。按卷末沈周自跋，本应有花卉"十翻"，此卷仅存8种，依次为牡丹、水仙、芙蓉、甘菊、栀子、鸡冠、山茶和百合。另外两种或为好事者割去。

2.元代昆山人，家富裕，轻财结客。40岁时筑别墅为"玉山草堂"，遂成杨维桢、柯九思等诗人名士游宴聚会之所。

3.沈恒一生为隐士，文采风流，豪爽好客如父。刘珏《寄沈同斋》："药栏花径断红尘，坐阅升平五十春。缃纸有书皆晋体，锦囊无句不唐人。新图写就多酬客，美酒沽来只奉亲。昨夜天涯忆君梦，西风吹过楚江滨。"

4.按《姑苏志》卷五十五："沈澄……年八十有八而终。"又谢缙《西庄访友图》录沈周题跋云："此图作于宣德二年二月三日，周尚未生，生于其年十一月二十一日，距作图时尚十越月。周今年五十有四，发已种种，葵丘既化去，先公亦违养十有八年。"则沈澄于沈周36岁时，也就是天顺七年（1463）去世，沈周出生时，沈澄52岁。

5.三诗载《完庵集》中，分别为《寿徵士沈缃庵》《沈缃庵西庄赏灯》《再寿沈缃庵》。最后一首中有"八十退龄又六期，我惭初度独来迟"之句。

6.《华山记》："山顶有池，生千叶莲花，服之羽化，因曰

华山 。"又韩愈《古意》有句云："太华峰头玉井莲，开花十丈藕如船。"

7.《吴都文粹续集》卷四十《同斋沈君墓志铭》："（恒）患风痹，手足拘挛者六年，竟以是卒于成化丁酉（十三年）正月三十日。"沈贞长恒9岁。

8.《南濠诗话》："吾乡沈处士贞吉，读书能诗，暮年好道，奉纯阳吕仙翁甚虔，每有事则负箕召之。""负箕"或为"扶箕"之误，民间一种请神作指示的巫术。又沈周《家伯入环修静业》："不肯炼凡铅，龛居度老年。有儿遗寸地，无语说先天。夜室初生白，霜髭欲变玄。倘能怜小阮，床下示真诠。"

9.吴宽《隆池阡表》："（孟渊）配朱氏，生二子。其仲处士讳恒，以字恒吉行，别号同斋。自其少时与其兄贞吉同学于家塾，而塾师为翰林检讨陈嗣初先生也。"

10.文徵明《沈先生行状》："少学于陈孟贤先生。孟贤，故检讨嗣初先生子也。诸陈皆以文学高自标致，不轻许可人。而先生所作辄出其上，孟贤遂逊去。"

11.沈周《东广记》："余以全庆堂之左垂附薧赘椽，顺一边为屋二间……东向宾于阳而易曙，俾学士三四人肄业于此，警其眠，豁其视，畅其读，举宜焉，乃扁之曰'东广'。"

12.据《吴都文粹续集》卷四十陈完撰《仲兄醒庵先生墓志铭》，陈宽于成化九年(1473)去世，距沈周、陈仪秋轩晤旧11年。

13.包山即洞庭山。明王鏊《姑苏志》卷十三："洞庭山在太湖中，一名包山，以四面水包之故名，或又谓包公尝居之。"

14.金庭、玉柱为道家名山。沈周不信鬼神、不崇信道教的例证极多，如："坐禅难见性，烧汞易愚人"（《丹僧》）；"神仙本冥冥，其言亦寥寥"（《拟韩昌黎一日复一日》）；"凤驭鸾骖，碧城瑶岛，岂是沧州吾道"（《苏武慢二阕》）。此处说"金庭玉柱吾频梦"想来并非寻求长生之梦，而是一游仙山之梦。

# 第二章

## 牧牛者说

春草平坡雨迹深,
徐行斜日入桃林。
童儿放手无拘束,
调牧于今已得心。

——沈周《平坡散牧》

春草平坡而迤
深徐行斜日入
桃林童兜牧手
无狗束韻牧于
今已得心
　　沈周

沈周　《卧游图册》之《平坡散牧》

幼年学放手

文人作画，落款时常要说些诸如"戏笔之作""随意涂抹"的话。这里面有谦虚的成分，另一方面也是因为他们将绘画看作表达自我的笔墨游戏。沈周更甚，他不止一次着意提醒后世观者"勿以画视之"[1]——可千万别把它当画看啊。如此不愿褒扬或者至少"正视"自己画艺的沈周，偏偏于牧牛一项，多次流露出或明或暗的得意。

春日雨后，不知谁家的黑牛，神情悠然地穿过夕阳下的桃林，独自漫步青草平坡。由于朝夕相处，牧童的调牧之术已到了游刃有余的地步，即便不拽着缰绳也不用担心出什么状况。然冰冻三尺，非一日之寒。在后辈唐寅和祝允明之间的一出恶作剧中[2]，我们得以窥见那个"调牧原来不得心"的沈周。

此启南先生旧本。余造其庐，见之壁上。自题云："力大如牛服小童，见渠何敢逞英雄。从来万物都有制，且自妆呆作耳聋。"

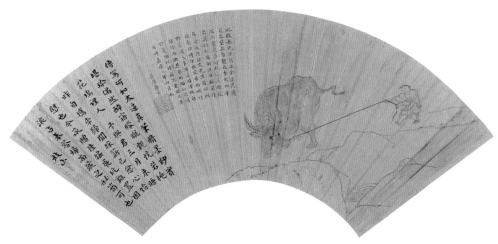

图1 明 唐寅 《力大如牛图扇》 台北故宫博物院藏

后待诏文先生题曰："此启南幼时作也。家居相城，村野荒滨，人多横逆。因作此自慰。"归而抚其意，形颇似之。写于箑（按：扇子）头，以待庞然者赠之，甚可。时嘉靖二年四月也。晋昌唐寅。

  嘉靖二年（1523），也就是沈周去世14年后，曾学画于沈周的唐寅造访老师故居，在墙壁上见到一件《牧牛图》，回家后仿作了一幅"形颇似之"的扇面（图1）。扇面所绘是一场牛与人的较量：牧童用力向右拉拽缰绳，贪恋石间清泉的耕牛则怒视牧童，执意留在原地，只见牧童单脚悬空，似乎下一秒就要摔倒在地。沈周在自题诗里，描写了被蛮牛所制的牧童的心理：因自知实力悬殊而装聋作哑，"不敢逞英雄"，内心却不服气，想着"世间一物降一物，蛮牛也总会有被制服的那一天"。

图 2　南宋　（传）李唐　《牧牛图》　故宫博物院藏

　　这样的创意或许是受到南宋以来"牧牛图"的启发。宋室南渡后，朝廷百废待兴，连像样的宫殿都没有，还有一大批重要机构等待重建。为了节省开支，再考虑到徽宗一朝因艺废政务，南宋始终没有建立起真正意义上的"实体画院"。失去了豪华宿舍的御前画师们和平民百姓一起生活在市井和乡野[3]，耳濡目染之下，绘画的主题也发生了变化。

　　除了市井中常见的货郎，反映乡野情趣的牧牛也成为常见的画题。这幅传为李唐所作的《牧牛图》（图 2）表现的就是牧童与牛的"角力"。初春时节，燕子飞回，冬天凋尽绿叶的树枝上开出了淡淡的红花。水牛不听指挥，瘦弱的牧童只得跳上牛头，努力掰转牛角，迫其转向。

据唐寅所述，沈周《牧牛图》后有其弟子文徵明的一则题跋，解释了这幅图的画外之意。相城属苏州乡野，多横行霸道之徒，幼年沈周曾受欺侮，归家后作此图自我宽慰。然而若无曾经为牛所制的真实经历，幼年沈周又未必会作这样的指代。好在牧童沈周天性聪颖，他在与牛的朝夕相处中，渐渐悟出了自己的"调牧之道"。

> 朝牧牛，暮牧牛，朝朝暮暮牛放牧。
>
> 骑牛吃草抱牛睡，牛若渡水我亦泅。
>
> 牛东信东西信西，我弗强牛牛自由。
>
> 不劳不饥肥且长，背肉秋来平似掌。
>
> 逢春耕田牛得力，大凡要用先须养。
>
> 家中大哥气力无，一春筑城夏作渠。
>
> 交秋又点征匈奴，我为大哥鼓龙胡。
>
> ——沈周《牧童谣》

太阳升起了放牛，太阳下山了也放牛。牛低头吃草，我抱牛睡觉。牛要渡水，牛背上的我就跟着漂浮而过。牛向西就向西，向东便向东，我不强拗，任牛自由。这样一来，牛餐餐得饱，养得身心愉悦，秋天里背上的肉长得厚实而平坦，春耕时也很卖力。

论块头和气力，牧童哪是耕牛的对手，这是无法改变的事实。自然万物各有秉性，顺其自然，在长期的相处中培养默契，牛不受束缚，牧牛者也得自在。毕竟缰绳一头虽然穿过的是牛鼻，另一头牵着的却是牧牛人的手。

> 两角黄牛一卷书，树根开读晚耕余。
> 凭君莫话功名事，手掩残篇赋子虚。

——沈周《题耕读图》

　　这便是《平坡散牧》中缰绳自然垂落，也无需有牧童出现的原因——放下束缚的他或许正在不远处的桃林里趁着夜幕降临前最后的天光，纵游书海。

## 蒋生，另一种人生

　　居住于苏州乡野的相城西庄，沈氏三代以务农为业。沈周幼时曾放牧平坡，长大后也一直过着力食田间的农夫生活（图3）。他将这种隐居的模式称作"耕隐"，并视其为培养"隐者之德"的不二法门[4]。

> 鹤发飘翛田舍翁，平生力食与人同。
> 一群白鹭苍烟外，四角黄牛细雨中。
> <u>应有齐桓怜宁越</u>，岂无刘表识庞公。
> 秋风禾黍年年事，莫问高低六代宫。

——沈周《耕隐》

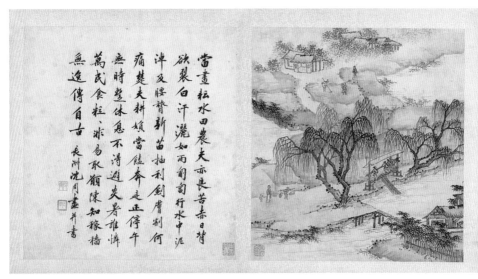

图3　沈周　《摹古册》之《田中耕稼》　台北故宫博物院藏

　　这首诗作于沈周47岁以前，"鹤发飘鬖"略有夸张，但他至壮年依然还是那个力食田间，与白鹭黄牛为伴的"田舍翁"。末句化用唐末诗人许浑以六朝兴废为比的《金陵怀古》（松楸远近千官冢，禾黍高低六代宫），意为对一个田舍翁而言，禾黍遍野本是每年秋天都会发生的自然规律，就像六朝的更迭也有运数，不必因禾黍没过昔日的宫殿而感慨浩叹。只是从齐桓公发掘宁戚[5]、刘表多次延请庞公的典故来看，此时他的内心深处或许仍抱有些许用世的期待。

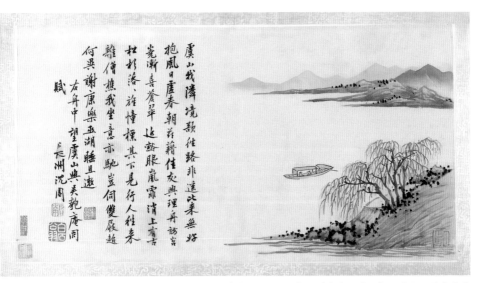

图 4　沈周　《苏台纪胜图册》之《舟中望虞山》　波士顿美术馆藏
（其中有"虞山我邻境，欲往路非遥"之句）

　　成化十一年（1475），有竹庄内一位青年画师蒋廷恩来访。
蒋廷恩是海虞人[6]，大概出生于绘画世家，15 岁时就凭一手为人
写照传神的功夫闯荡京城（此处指陪都南京），成为公侯将相的
入幕宾。如今 26 岁就已功成名就的他衣锦还乡，带着用心准备
的礼物[7]来到海虞另一头的相城（图 4）拜访沈周。沈周想必也
曾听闻蒋廷恩的画名，对他的探望感到非常高兴，一番交谈之下，
称赞蒋生不仅画艺出众，还是一位温润君子。

图 5　明　佚名　《沈周半身像》　故宫博物院藏

（蒋廷恩所作画像已不传，此图为沈周 80 岁画像）

海虞蒋生画者流，少年写照笔最优。

十五便向皇都游，往往放笔图公侯。

况兼姿性温且洁，白玉气暖珠光秋。

南归今年二十六，艺精已自倾吴州。

竭来相寻有竹处，令我爱尔如羊求。

——沈周《赠画生蒋廷恩》（前半首）

　　虽然二人年纪相差一倍，却酒逢知己千杯少。微醺之际，蒋
廷恩主动提出为沈周写真，不一会儿便笔落图成。能够"名倾吴
州"，蒋廷恩想必画得形象生动。沈周看到纸上的自己（图5），
长叹一声，少见地对眼前这个初见面的年轻人倾吐了埋藏内心的
秘密。

酒酣特为貌老丑，华发照水风飕飕。

总能致我阿睹里，不能得我胸中愁。

我愁无闻已五十，兀对万卷心悠悠。

只今乡里小儿子，公然侮易我不尤。

关门自讼春已晏，杨花扑面啼山鸠。

——沈周《赠画生蒋廷恩》（后半首）

　　将人物置于流水、山泉之侧是肖像画常见的范式（图6），
以示画中人高雅情操，沈周却说自己"华发照水风飕飕"。蒋生之
画惟妙惟肖，堪称传神，然而无法形之于丹青的是沈周内心的忧愁。

图6 明 文徵明 《听泉图》 台北故宫博物院藏

这一年沈周 49 岁了，不过沉浮乡里，以书画自娱，未能像蒋生那样年纪轻轻就名动皇都，平日里乡间无知小辈也常常轻蔑于他。虽然沈周大度地表示并不以这些人为意，又并未完全甘心于平淡琐碎的乡村生活。

隐居不仕是沈周祖上传下的家风，这当然没错，但这并不意味着隐居不仕是下一代不需要思考就能继承的追求和志向。更符合人性也更能做到有始有终的，是一个成年人深思熟虑后的选择。祖父沈澄并非生来就决定要做隐士，他早年也曾随众北上求仕。对天赋才能远胜父辈的沈周来说，在入世和出世间，要说内心没有过彷徨，难免不是一种神化。

沈周自幼"聪明绝人"（《沈先生行状》），"方其华齿，绮文丽藻已流传人间，莫不以为奇珍魁品也"（《沈孝廉周传》）。15 岁那年，他代父亲为粮长听宣南京，作百韵诗上户部主事崔恭，被后者比作当今王勃。28 岁时，声名愈长的沈周得到苏州知府汪浒的举荐。他卜筮《周易》，得《遯》卦九五"嘉遯贞吉"，于是辞谢不应。

沈周是否真的羡慕以为公侯写真而成名的蒋生？事实上饱读万卷诗书的他不会想要复制后者职业画师的人生。如果沈周愿意，他完全可以像许多苏州同乡那样入仕为官，获取功名富贵，闻达公卿，但他自己主动拒绝了这一选项。

## 长安的春天更美吗

在沈周为自己写的《四十二岁像赞》里，或多或少地透露了其选择隐遁的原因。

> 天地假我，有其躯也；丹青假我，有是图也。我尚假农，有禾一尘，有豆一区；我尚假儒，有此衣冠，有此步趋。方用力于二者之秋，自恃壮夫；然一癯如此，蚤白其须。谅非凌寒之松柏，无乃望秋之柳蒲。保天地之气，必至无物；信丹青之像，终非故吾。活一年耕一年田，以为养亲；存一日读一日书，以为自娱也欤。
>
> ——沈周《四十二岁像赞》

有田得饱，有衣得暖，这是中国古代大多数劳动人民朴素却真实的愿望，能做到这两点已应感到满足。何况日益老去的父母是沈周无法放下的牵挂，这在很大程度上推动了沈周作出拒绝出仕的决定。但我们也大可不必认为沈周为尽孝道而委屈了自己，从事情后来的发展看，你会更愿意相信这也是他遵从内心的结果。

沈周一辈子写得最多的诗、作得最多的画，都是与送行相关。当友人即将远游入川，他送行曰"蜀道虽难无倦客，锦城云乐未如家"（《送友人游三巴》），即使是天府之国，也比不上家乡；当友人久在仕宦，他最担心发生"十年头上长安日，千里书中阿母丧"（《刘秋官廷美奔母丧回》）的情况，连父母最后一面都见不到；当后辈高中进士等不及北上京师，他题画感慨"未信长安

图7　沈周　《摹古图册》之《乐耕图》　台北故宫博物院藏

春似海，归人不比去人多"（《为沈进士尚伦题画》），难道京城[8]的春天就比江南的春天更美吗？我闻见每年离开的人比去到那里的人还要多。

　　出生在幸福美满的家庭，徜徉于秀美的吴地山水，沈周对故乡有着难以割舍的眷恋，也对家庭生活有着发自内心的热爱。功名与远游，或许是埋藏在他内心"唯一"曾经骚动过的渴求，这没有什么好否认的，但他却有千千万万的理由选择留下。他深爱那片自幼生长的土地和生活在那里的人，满足于牛背和土地上踏踏实实的安全感（图7、图8）。虽不曾真正离开，他却像一个固定坐标，一个无法置身事外的旁观者，见证了身边无数人的悲欢离合，远游与归来，或者再没有归来。

图 8　唐　（传）戴嵩　《斗牛图》　台北故宫博物院藏
（沈周的牛画学自唐代画牛高手戴嵩）

　　成化十五年（1479），钦差王恕巡抚苏州，数次召见沈周咨
以当朝得失，沈周竟无一句言及时事。王恕仍不依不饶，相谈连
日不休。终于当谈到今世该讽谏还是直谏时，王恕拿出自己草拟
的奏章给沈周过目。沈周读毕，以为"指事切而不泛，演言婉而
不激，于讽谏、直谏两得其义矣"。王恕以为知言。

　　当时被上官以礼相待的文学之士，往往迫切地陈说时弊，沈
周却依然秉持"君子思不出其位，吾尽吾事而已"的原则。虽然
如此，最为亲近的弟子文徵明形容沈周每每听闻时政得失，"辄
忧喜形于色""人以是知先生非终于忘世者"（《沈先生行状》）。
这在《卧游图册》另一帧《雪江渔夫》（图 9）中得到了"官方

图9　沈周　《卧游图册》之《雪江渔夫》

的证实"：

千山一白照人头，蓑笠生涯此钓舟。

不识江湖风雪里，可能干得庙堂忧。

——沈周《雪江渔夫》

江湖与庙堂，分别象征在野与在朝。北宋范仲淹在《岳阳楼记》里，写下了"居庙堂之高则忧其民，处江湖之远则忧其君""先

图 10　沈周　《两江名胜图册》之《范公祠》　上海博物馆藏　图 11　沈周　《三梓图》　印第安纳波利斯美术馆藏

天之忧而忧，后天下之乐而乐"的千古名句。这位宋代第一名臣是包含沈周在内的明代几乎所有苏州士人敬仰的前贤。今天苏州天平山内仍有"范公祠"（图10），纪念着这位曾经的苏州知州。沈周曾多次前往天平山拜谒，祠堂前传闻为范仲淹手植的三棵梓树也被他形之画图（图11）。

　　选择了隐居不仕的生活，蓑笠钓舟于江湖之远，并不意味着就从此不问世事，过着与世隔绝的生活——这是千年传承、刻在基因里的文人士大夫精神，亦是所有人都无法真正置身之外的现实。所谓"不是江湖容洗耳，只应霄汉有垂衣"（沈周《渔隐》），正是因为彼时正值大明盛世，才给了沈周那一代人安然隐居的条件。

　　成化十六年（1480），经王恕举荐，明宪宗下《征聘诏》，点名要54岁的沈周同与其齐名的隐士史鉴出山赴用[9]。当时代真的上演了"齐桓怜宁戚""刘表识庞公"的情节，沈周却早已明确了内心的选择。我们可以在下面这首稍晚的诗作中，听见沈周的自白。

老夫自是骑牛汉，一蓑一笠春江岸。

白发生来六十年，落日青山牛背看。

酷怜牛背稳如车，社酒陶陶夜到家。

村中无虎豚犬闹，平坻小径穿桑麻。

也无汉书挂牛角，聊挂一壶村醑薄。

南山白石不必歌，功名富贵如予何？

——沈周《骑牛图》

年近 60 岁的沈周已经记不清从小到大自己坐在牛背上看了多少次的日落。牛背宽阔，载着从幼到老的沈周平稳穿过山野石桥、田间小径，在猪嚎犬吠声中往还"有竹居"和西庄。一句"老夫自是骑牛汉"，流露出的是自得。

## 黑牛与白石

沈周的"骑牛图"今已失传，好在通过明代鉴藏大家李日华的描述和历代成为范式的"骑牛图"，我们可以想象沈周原作的风貌。

石田草草拾片纸，作《春社醉归图》，一老傲兀牛背，有天际想。牛止露角，身毛俱渴笔拖就，弥有神气。题句云：

老夫自是骑牛汉，一蓑一笠春江岸。

白发生来七十年，落日青山牛背看。

酷怜牛背稳于车，社饮陶陶夜到家。

村中无虎豚犬闹，平地小径穿桑麻。

也无汉书挂牛角，聊挂一壶春酒浊。

南山白石不必歌，功名富贵如云薄。

成化己巳沈周。

——李日华《六研斋笔记》卷三

图12 明 张路 《老子骑牛图》
台北故宫博物院藏

图13 明 唐寅 《莳田行犊图》 上海博
物馆藏

（唐寅题画诗有"骑犊归来绕莳田，角端轻
挂汉编年"之句）

　　据李日华所载题画诗，此幅《春社醉归图》当即为《石田稿》
中所记之"骑牛图诗"。题画诗中部分词句与《石田稿》所记有
差，大概是沈周修订诗作时做的调整。不过成化为明宪宗年号，
起自乙酉（1465）终于丁未（1487），当中并无"己巳"，此处
应为"乙巳"之误。成化乙巳为1485年，彼时沈周59岁，故题
画诗中的"白发生来七十年"当为"六十年"。

"骑牛图"在中国画史上是一个常见的画题，根据内容的不同，又有多种分类。第一类指代隐逸高士。这一大类里又有区别：其一源自春秋时弃官骑青牛出函谷关的老子（图12），指代弃官归隐的高士；其二类似作《饭牛歌》的宁戚和于牛角挂《汉书》的李密，暗指等待伯乐赏识的在野高士（图13）。

　　第二类为牧童骑牛，表现乡野间的天真情趣；第三类便是"春社醉归"或"田畯醉归"，描绘农历二月春社日祭祀、宴饮后乡人骑牛还家的情状（图14）。古人作画多不自题画名，李日华由"社酒陶陶夜到家"一句将沈周之"骑牛图"命名为《春社醉归图》，是非常准确的。

　　另外清人杨晋曾为其老师、清初"四王"之一的王翚作《王石谷骑牛图》（图15），自跋所引诗文正是沈周的《骑牛图诗》。然杨晋的落款云"己卯小春画白石翁诗意"，而非"仿白石翁骑牛图"，他大概是未曾见过沈周原作。且虽言画的是沈周诗意，画图中并未描绘酒壶与骑牛者"傲兀牛背，有天际想"之醉状，考虑到己卯（1699）年王翚去官南还已一年有余，杨晋之作实为借沈周之诗表现隐逸高士的主题。因此综合来说，相传为李唐作的《春社醉归图》与沈周之作同属一类画题，内容应是最相近的。

　　李密骑牛出行，于牛角上挂着《汉书》，因此得到了权贵的另眼相看[10]；宁戚作《饭牛歌》，抒发的是怀才不遇、日夜放牛的悲哀。沈周呢？牛角上挂的是一壶村酿，经过岁月消磨，酒水里曾经的辛味已消散不闻，沉淀出醇厚清洌。

图 14　南宋　（传）李唐　《春社醉归图》　美国波士顿美术馆藏

南山粲粲白石烂。

生不逢尧与舜禅，短布单衣适至骭。

从昏饭牛薄夜半，长夜漫漫何时旦。

——《三齐记》载宁戚《饭牛歌》

　　宁戚唱道："灿烂的南山上，岩石洁白耀眼，可惜只能独自美丽。就像生而未逢尧舜那样的君主，只能穿着短到肋骨的单衣，天微亮就开始喂牛，一直到夜深才得休憩。接下来的漫漫长夜又要如何度过？"相传女娲取五色石补天，最后犹有余石数块。这些剩下的石头有着同样美好的品质，却无用于世。宁戚为之可惜，沈周则相反。他于60岁时更号"白石翁"[11]（图16、图17），表明自己甘做那闲置南山的白石[12]。

成化二十三年（1487），61岁的沈周作《速杨君谦石田记》寄与曾许诺为沈周之号作记的吴中名士杨循吉。名为"催稿（速）"，更多的是属于老友间的玩笑。

山中有白石，广衍得数亩。

坚瘠不可耕，无用实类某。

朋从从加称，遂为石田叟。

称者非誉辞，吾亦甘其受。

杨子许为记，其言食已久。

往往人家见，篇篇灿星斗。

一见一热中，意子独我负。

札剑表心许，何况曾出口。

得非以陋物，不足辱录取。

碑有纪封禅，鼓有示猎狩。

于此逆观文，或可假石寿。

子文侔汉史，其传信无朽。

脱使不多作，难保岁月后。

恃子犹洪钟，应随大小扣。

不应似生客，吝生亏所厚。

吾石能作言，将以子归咎。

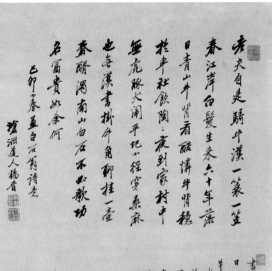

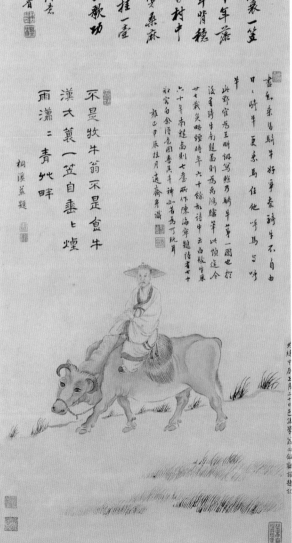

图 16 沈周《千人石夜游诗卷》上的"白石翁"钤印

图 17 沈周《落花诗意图》卷末的"白石翁""启南""石田"钤印

图 15 清 杨晋《王石谷骑牛图》故宫博物院藏

不闻诗所载，草木备群丑。

不信石终遗，不遭点金手。

遑遑日翘伫，拜嘉亦当有。

    诗的大意为：山中有白石数亩，坚硬贫瘠无法耕作，（虽然洁白耀眼却）百无一用，简直就是"我"本人的写照。朋友们以石田称呼"我"，想必并非出于赞誉，"我"倒也不觉得是贬损，叫多了也就成了号。杨子你早早答应为"我"作记，已经拖延日久，"我"看你过往为他人所作记文篇篇灿若星辰，怎唯独负"我"？当年季札挂剑墙上，徐君未曾开口讨要，季札已有赠剑之心，何况杨子你曾经亲口应允"我"啊。难道是"我"的号太过浅陋，杨子你看不上眼？想那刻有纪文的封禅碑，记录秦王出猎的石鼓，都已流传千载，如此看来文字能使石头变得长寿。杨子你的文才足以媲美汉代的司马迁、班固，所作文章定能流传不朽，但假若不多作，也难保不会在漫长的岁月中流失。应趁现在年富力强，多写些无论大小长短的文章，不当吝啬笔墨而亏待友情。否则"石田"里的石头要是会说话，也会归咎于你喽。岂不见《诗经》将草木群丑都囊括在内，"我"可不相信"我"这块白石，遇不到点石成金手。每天惶惶不安地翘首以盼，或许杨子你看在"我"如此夸赞你的份上也会早日写给"我"呢？

    翻遍《杨循吉集》，并没有《石田记》一文，或许他最终还是没有履行当年的承诺，但那块"石田"里的"白石"终究还是流传不朽。

## 注释

1.如《溪山高逸图卷》（广东博物馆藏）、《为杜子开作山水七景卷》(见《纽约苏富比1995年秋季中国书画拍卖图录》)、《临梅道人溪山图卷》（台北王雪艇旧藏）。

2.唐寅将此图赠予祝允明，是嘲笑后者肥胖（庞然者）；而祝允明予以回击曰："传写何如太逼真，笔精墨妙实堪珍。偶然醉寐朦胧觑，恍若桃花坞里人。"

3.如南宋四大画家之一的刘松年就因居住在清波门（又称暗门），因此被称作"暗门刘"。

4.如见《耕乐》："良家外无慕，躬耕修隐德。"《喜苏文辉见过》："何能传隐诀，低头事耕稼。"

5.疑此处"宁戚"误写为"宁越"。宁越为战国时人，早年耕田为生，后发奋苦读成为周威王老师；宁戚为春秋时人，早年放牛为生，经管仲推荐被齐桓公拜为大夫。后引沈周《骑牛图诗》中"南山白石不必歌"的典故也指向宁戚。

6.明王鏊《姑苏志》卷九："虞山在常熟县西北一里……一名海虞，或云海嵎，又名乌目山。"

7.《沈周集》有《雕牙杖头歌》一首，中有句云："蒋生赠我意则良，假其久视祝寿昌。一步一举无敢忘，与铿相生八百霜，登山临水吾何妨！"考《沈周集》中出现的蒋姓友人共二，一为成化九年前醉死的蒋大年，另一人即为蒋廷恩。赠雕牙杖与沈周的蒋生极有可能是蒋廷恩。

8.长安为十三朝古都，宋代以后虽然都城不在长安，人们仍习惯以长安指代京师。

9.史鉴《西村集》卷首有成化十六年八月之《征聘诏》，后又有南京兵部尚书王恕《荐疏》。《征聘诏》中云："朕承丕绪，用人图治，亦有年矣。永惟劳于求贤，然后成无为之治；乐于忘势，乃能致难进之英。闻尔处士沈周、史鉴，沉酣经史，博洽古今，蕴经纬之远猷，抱君民之宏略，顾乃遁迹邱园，不求闻达。朕眷怀高谊，思访嘉谟，兹特遣使征尔赴用。隐期同德，出宜汇征，以副朕翘企之意。"史鉴，字明古，号西村，苏州吴县（今属苏州）人。钱谦益《列朝诗集小传》丙集《史处士鉴》云："弘、正之间，吴中高士，首推启南，次则明古。"

10.《新唐书·李密传》："（宇文）述谕密曰：'君世素贵，当以才学显，何事三卫间哉！'密大喜，谢病去，感厉读书。闻包恺在缑山，往从之。以蒲鞯乘牛，挂《汉书》一帙角上，行且读。越国公杨素适见于道，按辔蹑其后，曰：'何书生勤如此？'密识素，下拜。问所读，曰：'《项羽传》。'因与语，奇之。归谓子玄感曰：'吾观密识度，非若等辈。'玄感遂倾心结纳。"

11.黄应龙《白石翁画梅花主人图记》："予于岁甲戌夏四月访石田先生，先生谓余曰：'吾年六十则更号白石翁矣'……余后见其所作诗画皆用'白石翁'印。"

12.沈周《答史西村见寄》中有"虞罗一何疏，凤鸟翔高天。下方瞻文章，五色徒烂然。但顾少垂翼，昭祥表尧年"之句，可见其关于"石田""白石"的理解也是从女娲补天遗石中来。他认为这样的石头存在，正表明了当下圣君在位，政治清明，并没有什么好遗憾的，应以自己作为昭表盛世的祥瑞感到满足。

# 第三章
## 至味

弹质圆充饤，

蜜津凉沁唇。

黄金作服食，

天亦寿吴人。

——沈周《枇杷》

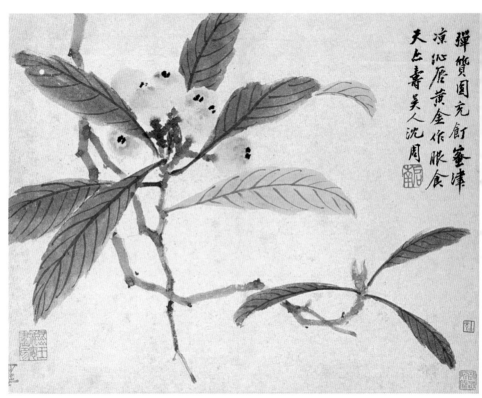

弹贡圆充飣蜜津
凉沁唇黄金作眼食
天上寿吴人沈周

沈周 《卧游图册》之《枇杷》

## 枇杷不是琵琶

　　记忆中某一年的初夏，沈周收到了友人遣家童送来的一盒琵琶——这并非作者的笔误，一同送来的书帖里赫然写着盒子里装的是琵琶。沈周带着疑惑打开盒子，一颗颗新鲜饱满的"黄金丸"映入眼帘。原来是替主人誊写书帖的家童写了错别字，闹了个不大不小的误会。沈周当即回书一帖，交由来者带回。

　　承惠琵琶，开奁视之。听之无声，食之有味。不知古来司马泪于浔阳，明妃怨于塞上，皆为一啖之需耳。今后觅之当于杨柳晓风，梧桐秋雨之际也。因书帖银鹿[1]有误字，即笔嘲句四言奉览，勿罪勿罪。

　　　　枇杷不是这琵琶，只为当年识字差。

　　　　若是琵琶能结果，满城箫管尽开花。

　　通家友弟沈周顿首。谢良材契爱足下。

　　　　　　　　　　　　——《石田戏柬》（载于张丑《真迹日录》）

沈周戏谑道："感谢您送来琵琶，它虽发不出声响，尝起来却颇有滋味。现在我才明白原来白居易于浔阳江头泪湿青衫写下的《琵琶行》，王昭君远嫁匈奴所作的胡音《琵琶曲》，其实都不是用耳听的，而是要放进嘴里吃的零食。以后要觅得这种食物，还得于杨柳晓风，梧桐秋雨之际。若是琵琶真的会结果，满城的箫管想必也都能开花吧。"没有抑制住体内的幽默细胞，沈周连说"勿罪勿罪"，并在落款时"顿首"表达了对友兄的尊敬，感谢其对自己的厚爱。

苏州的枇杷大多产自洞庭东山，每年五月成熟。得益于太湖之滨的独特风土和传承已久的嫁接技术，长出的粒大味甜的无核枇杷，成为当地人夏日果盘里最受欢迎的美味[2]。良材友兄的这份礼物不算厚重，但想到送来初熟的枇杷让沈周尝鲜，这种蕴于日常中的温情，已足够令人回味。

在《卧游图册》的《枇杷》一帧中，不同于宋人先以细笔描绘主体轮廓再行点染的方式（图1），沈周纯用淡墨，以没骨法画出枝叶和枇杷的造型，后以蘸有浓墨的笔头轻点出果实的尖儿，淡雅率意。他题诗称赞本地枇杷圆润饱满（弹质圆充饤）、味甜清凉（蜜津凉沁唇）。"黄金作服食"一句既是指其色泽亮丽，也暗指其有益健康如服金丹，最后发出"枇杷真是老天对吴人的恩赐"的感慨。在下面这首诗里，他再次表达了近乎同样的意思。

图1　南宋　林椿　《枇杷山鸟图》　故宫博物院藏

谁铸黄金三百丸，弹胎微湿露溥溥。

从今抵鹊何消玉，更有饧浆沁齿寒。

——沈周《咏枇杷》

　　"良材友兄"送来的那个盒子里装了多少颗枇杷，我们不得而知，但似乎在洞庭枇杷大量成熟又因天气炎湿极易腐坏的盛夏，日啖百颗对于沈周并不是一个夸张的数字。这次的三百颗枇杷刚经采摘，就被友人送到了沈周面前，表面还残留着清晨沁出的露

图 2　沈周　《枇杷图轴》　故宫博物院藏

水。昆山产玉，传说人多以玉石为弹子驱赶乌鹊[3]，沈周以为不如改用枇杷。而将枇杷煎熬成浆，更是吴人一年四季家中常备的清凉宝物。今天洞庭东西二山依然有不少农家以酿造、贩卖枇杷膏为生，这又是"天亦寿吴人"的另一层意思。

初夏吃枇杷，是沈周年复一年的"必备功课"，以之入画，则是他对惦念自己的友人最得体的回馈。沈周爱枇杷，倒未必是真的有多爱吃它。除了蜜糖味道和药用功效，沈周更爱枇杷作为亲友之间表达情感和关怀的媒介，传递着日常的温情（图2）。

爱此晚翠物，结实一可玩。
山禽不敢啄，畏此黄金弹。

——沈周《题枇杷图轴》

馈赠者与受赠者之间的情谊如晚翠的枇杷，枝叶经冬而不变色。也正是枇杷这种高洁的象征，才是禽鸟不敢啄食的原因，而非真的它们将那看成了猎人的弹丸。这是沈周藏在众多枇杷诗画中的真意。

## 杨梅只一丸

与洞庭杨梅同时成熟的是苏州城西光福山里的杨梅。《姑苏志》中记录了九种吴地特色水果，枇杷排行第二，位居首位的正是杨梅，其中又以铜坑、聚坞所产者为最佳。

> 杨梅为吴中名品，味不减闽之荔支。出光福山，铜坑第一，聚坞次之。
>
> ——《姑苏志》卷十四

进入五月，光福山一带漫山遍野都缀满酒红色的杨梅，空气里飘荡着甜味，这是最适宜策杖寻幽的时节[4]。然而沈周并不总能亲至山中。成化十一年（1475），夏日雨后异常闷热的一天，沈周口干舌燥，无兴作诗。恰好收到好友韩襄（字克瞻，号宿田）遣人送来的其亲手采摘的西山杨梅，深感友人关怀之切，沈周作《杨梅图》相赠。此图现已不存，但画上那首感情真挚的题诗却流传到了今天。

> 西山有雨杨梅熟，东老无诗口舌干。
>
> 珍重故人知此意，高林摘寄紫瑛丸。
>
> ——沈周《画杨梅答韩克瞻》

友人馈赠的杨梅是与枇杷类似的媒介，一同构成沈周记忆里初夏的味道。不同于将枇杷熬制成膏的方法，苏州人更习惯以杨梅酿酒。没有青梅的酸涩，香甜芬芳的杨梅酒成为沈周的待客良选。

> 三韩之地今辽东，阻山绝海疑天穷。
> 黄沙拍塞数千里，朔风满地号榛丛。
> ……
> 吴山杨梅如血红，吴门酒色琥珀浓。
> 杨梅百丸酒百钟，与君烂醉消离悰。
> 知君急归不可遏，昨夜梦见高堂翁。
> 吴歌一曲渺江水，临江目送孤飞鸿。
>
> ——沈周《送刘宪之归辽东》

因思念父母，离乡多年的刘宪之决定离开江南，回到朔风卷黄沙的辽东。临行前夜，沈周取出家酿的杨梅酒与之大醉一场。吴中诸山出产的杨梅鲜红似血，酿成杨梅酒后更添几分琥珀的晶莹。不知道酒味的甘甜能否冲淡离别的苦涩，但等到分别多年后，想必刘宪之都很难忘却它的滋味，那里融进了江南的天气，以及所有他在那里遇见的人与事。

然而对于真正的"杨梅痴人"来说，品尝杨梅和杨梅酒的快感远比不上亲自采摘的乐趣。弘治十五年（1502）五月下旬，正值农忙时节，沈周好友薛章宪因性嗜杨梅，眼见夏日炎毒，杨梅将腐坏过季，便停下手中农活，独驾小舟前往光福聚坞山采摘杨

饶药最嫌杨家果懅束诗之食禄
何千树匹室差太晚一老卿色记肯
过尔厭往逥宜為少适可漂雁
不在多点婿媽何文仲于忌治滋
昧似嫌媽
尧鄉萍岸肯食杨梅暑中
朝晨功鴋升特往時侏摘雅
書僅蕉一先熟而朱者噗之
且三一不离少都 遥食作圈北
詩識其事末语及徽明以素
不喜食煮杰資徽明一笑
弘治壬戌夏五下浣沈周

图 3　沈周　《杨梅村坞图》
安徽博物馆藏

梅。哪知等他到达时，聚坞满山的杨梅已采摘殆尽。薛章宪遍寻千树，最终只得一丸。

回来后，薛章宪将此事当作笑话讲给沈周听，并请沈周有空时为他作画与诗记录此桩逸事。76 岁的沈周笑着应允，于是就有了这幅《杨梅村坞图》（图 3）。

> 馋饕聚坞杨家果，悭奈诗人食禄何。
>
> 千树已空嗟太晚，一丸聊足记曾过。
>
> 属厌往腹宜为少，适可濡唇不在多。
>
> 亦胜矫同文仲子，忌沾滋味似哇鹅。

尧卿薛若嗜食杨梅，暑中辍农功驾舟特往，时采摘殆尽，仅获一丸紫而大者啖之，且云一不为少，却遗余作图与诗识其事，末语及徵明以素不喜食者，亦发徵明一笑。弘治壬戌夏五下浣，沈周。

要说薛章宪真是个痴人。他是江阴人，少时为诸生，工古诗文，是像沈周那样"有文化的农夫"。这次他为一尝杨梅滋味，不顾农忙从江阴来到聚坞，正印了历史上关于他"性喜佳山水，意到辄轻数千里赴焉"[5]的描述。更妙的是：尽管寻遍千树只得一丸，也觉得不虚此行。东晋名士王子猷雪夜访戴，留下"乘兴而行，兴尽而返，何必见戴"（刘义庆《世说新语·任诞》）（图 4）的佳话，杨梅痴人薛章宪可谓其异代知音。

沈周很是欣赏薛章宪的风流意气，顺势安慰他杨梅易饱腹不宜多吃，一丸已足可达到润唇生津的效果。最后还不忘调侃入室

图 4　明　周文靖　《雪夜访戴图》　台北故宫博物院藏

弟子文徵明，说后者素不喜食杨梅，不小心尝到其滋味会失态发出鹅叫的。

沈周爱吃杨梅的程度或许不及薛章宪，但他却在杨梅身上照见了自己。《石田先生文钞》现存《杨梅传》一篇，文中沈周将杨梅拟人化，讲述他为人"外浮内核，性恬而韵爽"，因仰慕枚乘、扬雄而取名"杨梅"，由幼至老的一生。

（杨梅）自幼好着青碧衫，壮易绯，老服紫縠裘……迨老，智益圆熟，每自叹曰："硕果不食，不祥也。吾受造天地，以备一物，奈产局退陬，无路荐达。少效盐梅故事，今老矣，乌乎可望哉？亦惜昧夫固蒂之术，遗落于风雨空山，委蜕草莽间，喂诸鸟雀蝼蚁，无亲无疏，同归于尽，亦所甘心焉。"为说者曰："人生负才不遇，薨死山林者，岂一枚也哉！观枚自诉，亦可谓之达矣。"

——沈周《杨梅传》节选

杨梅"受造天地"成一方"硕果"，却因所处之地僻静幽深，无人得尝。等到由青转绯至紫，过熟后脱离枝蒂，"遗落于风雨空山"，成为鸟雀蝼蚁的食物，也终与鸟雀蝼蚁、草木生植一同腐朽。沈周替杨梅自述曰："亦所甘心。"人迹不到的深山里千树杨梅成熟，化作春泥者又岂止一枚而已。如此想想，便没有什么可哀怨的。

被擘破的石榴

从某种程度上讲，石榴和杨梅是"个性"完全相反的两种水果。在《杨梅传》的前半部分，沈周脑洞大开，构想出了杨梅与南朝重臣虞荔的一段对话：

> （杨梅）尝请交虞荔，荔曰："儒者之取友也，有恪德无腐行，韬采含章。今汝服不綱，非露才扬己，以席珍自负而无聘，亦何取哉？所得其仅措大之微酸耳，吾弗与友矣。吾辱天子之宠，命传而进，设几以伺。当上赐问，臣披肝沥胆以对。奖曰：'有旨哉，有旨哉。'卿如醴泉，如密沈，中边无异味，岂非淳儒之谓乎。"
>
> ——沈周《杨梅传》节选

杨梅希望跟虞荔交朋友，后者以杨梅"服不綱""露才扬己""以席珍自负而无聘"——将自身的美好没有保留地在世人面前展示为由拒绝。虞荔认为身为儒者，应隐藏自身的华彩，重视内在品德修养，而非向外界炫耀。否则只会得到"措大"[6]的嫉妒，错过真正有见识者（如天子）的欣赏。

沈周如此喜爱杨梅，甚至为其作传，晚年所作《卧游图册》却未将其描画在内，取而代之的是枇杷和石榴，或许便出于这样的原因：枇杷象征了老天对吴人的恩赐，也是亲友情谊蕴于日常的表达，这与杨梅是一致的；但若要选一种水果自喻，杨梅似年

图 5　沈周　《卧游图册》之《石榴》

轻时 "锋芒毕露" 的自己，石榴（图5）则更像是沈周成熟后的写照。

> 石榴谁擘破，群琲露人看。
>
> 不是无藏韫，平生想怕瞒。

——沈周《石榴》

不似 "露才扬己" 的杨梅，外表平平无奇、需要他人用力擘

开才吐露内在美好的石榴真正做到了"韬采含章"。中年以后，沈周卸下粮长之任，家中产业也交由长子云鸿打理，自己有更多时间投入到诗文书画的创作中去，愈发体会到出名的烦恼：

> 其别业名"有竹居"。每黎明，门未辟，舟已塞乎其港矣……间以事入城，必择地之僻陋者潜焉。好事者已物色之，比至，则履满户外矣。先生高致绝人，而和易近物，贩夫牧竖，持纸来索，不见难色。或为赝作求题以售，亦乐然应之。近自京师，远至闽、浙、川、广，无不购求其迹，以为珍玩。风流文翰，照映一时，其亦盛矣。
>
> ——王鏊《沈隐士石田先生墓志铭》

据同时代的王鏊描述，每天天刚亮，沈周别业"有竹居"外的港口就已被"粉丝"的舟船堵得水泄不通。他每次有事进城，都住在那些特别偏僻静谧的住所。即使是这样，无处不在的"狗

图6　沈周　《为朱存理作山水》　近墨堂书法研究基金会藏

仔队"也都能提前得知其行踪。结果就是沈周经常人还没到，门外就布满了等候着的仰慕者。虽被扰了清净，沈周却没有丝毫的架子，接过纸笔为其签名题字，就算递上来的是冒充自己手笔的赝品，也欣然为之落款。这些狂热的粉丝遍布大江南北，都以能拥有一件偶像的亲笔书画为荣，形成一时风潮。

　　不止是素未谋面的粉丝如此狂热，沈周身边的好友也常常为得到其作品而煞费苦心。成化二十一年（1485），朱性甫得到四张密实细腻的"衢楮"（衢州白棉纸），将其裁为八张，相接裱成了一大张长四丈余的手卷，拿来请沈周作画。二人固然私交不错，但要59岁的沈周自愿接下这么大的一桩"工程"，朱性甫自知必须动点脑筋。他先吹捧一番，大意说这张纸"颇称水墨"，也只有"胸中丘壑天下巴蜀"的沈周配得上在上面作画。沈周拒绝后，他也不再说话，只是"磨墨引纸自若"。无奈一笑，沈周就随手画了一尺多长的杂树坡石。朱性甫见状，满意地将纸张收入袖中，临走时还丢下一句人生哲言："事有难于先，必易于后。"

此后朱性甫每次来找沈周，都带着那张纸铺在桌案上，或谈论天气与心情（西山朝来，觉有爽气），或鼓励（子敬《洛神赋》仅遗十三行，亦自可爱，使见全文，得不竦人乎？），换着说法让沈周作画。偏偏沈周很吃这一套，认为"其言雅而旷，其意勤而宛，能令人爱"，自己"虽有惮色，而终无拒心也"。每次画一点，历时一年，终于涂满了这张长卷（图6）。

> 头发毶毶积渐凋，诗逋画欠未勾销。
>
> 大都教我生劳碌，一半因他解寂寥。
>
> 山淡淡，水迢迢，门前秋色是天描。
>
> 清风尽许奚囊括，明月还凭拄杖挑。
>
> ——沈周《鹧鸪天·自遣》

随着年岁一同渐长的，是作不完的诗文书画。这些欠下的诗画债令沈周劳碌，却也消解了人生一半的寂寞。何况淡山远水、门前秋色、清风明月都令他沉醉，跟描画它们所得到的乐趣相比，那些劳碌又似乎不值一提了。

## 烂煮菜根

枇杷、杨梅和石榴，是世人公认的江南珍味。据记载，每年都会有 35 扛到 40 扛的枇杷和杨梅，以及约 25 扛的石榴走水路运往京师（《明会典》卷一百六十）。但沈周心中天下真正的至味，却出人意料地留给了白菜。

翻检《沈周集》，会发现沈周提及最多的地名，不是别业"有竹居"，不是常常游览的虎丘、天平等本地名胜，而是一个叫南园的地方。南园有什么名堂？硬要给个深奥的解释，我们可以找到苏轼、韦应物、李贺等人的同名诗作，回溯到"悠然见南山"的陶渊明身上。但沈周南园其实并没有那么丰富的内涵。家里的菜园子为了方便光照，总是靠南的好。那里最牵动他心弦的，则是每年亲手种下的白菜。

> 南园昨夜雨，肥胜大官羊。
> 党氏销金帐，何曾一得尝。（图 7）

昨夜下了雨，菜园里疯长的白菜比宋代宫廷奉为上食的羊肉还要肥美。像党进那样在冬天的金帐里吃羊羔喝酒的富贵人家，哪里有机会得尝这样的清淡至味。

党进是宋初大将。在他死后，一名家妓为陶谷所得。后者自诩风流，于冬天煮雪烹茶，嘲讽党进应不识个中乐趣。家妓表示赞同，叹息道："党太尉是个粗人，也只会在销金帐里浅斟低唱，饮羊羔酒罢了。"陶谷听后默然。其实豪奢如党进，也不见得就不吃白菜。但要吃大概也只会吃菜叶，断没有啃菜根的道理。常

图7　沈周　《蔬菜图》
台北故宫博物院藏

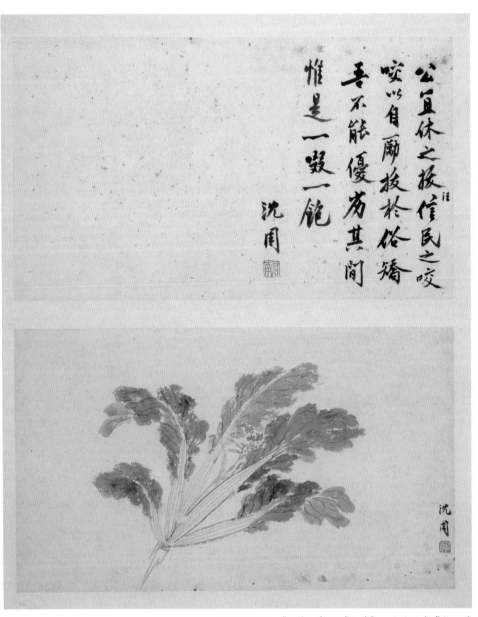

公宜休之援佳民之咬
咬以自厲拔於俗矯
吾不能優劣於其間
惟是一菜一飯

沈周

图8 沈周 《写意册》之《白菜》 台北故宫博物院藏

被今人形容为富家子弟的沈周却连菜根也不放过。

> 公宜休之。拔汪信民之咬，咬以自励，拔于俗娇。
> 吾不能优劣其间，惟是一啜一饱。（图8）

沈周题跋中提到的汪信民也是北宋人，他的一句话——"咬得菜根，则百事可做"——被后人记录在《菜根谭》中，成为古人的"必背鸡汤"。汪信民吃菜根吃出了青史留名，但那只是自己给自己打气的方式，反而说明他认为菜根相当难吃。沈周却说自己吃菜根不为自励，也不是要显得自己与众不同，是真的不觉得菜根的味道不好，何况吃一顿就能饱一顿。

沈周爱吃菜根这件事在他的朋友圈里是众所周知的。挚友吴宽为他的《辛夷墨菜图》作跋，还忍不住调侃一下这位南园农夫。这幅图由两幅画组成，一幅着色辛夷，一幅水墨白菜（图9），被后人装裱为长卷。

在为画中辛夷题诗时，吴宽还是正经得很，说自己被石庭下的辛夷花勾起了乡愁（一树石庭下，故园增我思）。但在那棵大白菜的上方，他却说"咬根莫弄叶，还可作羹煮"，奉劝老友咬菜根的时候可不要太粗鲁弄坏了菜叶，用它来煮羹可是一绝。真的有人会因为太爱菜根连叶子都不吃吗？如果不了解沈周对白菜的爱，读到这句诗大概会摸不着头脑。这是两位老友间心照不宣的玩笑。

成化十四年（1478）秋，苏州连日霪雨，不少农田都被大水

图9　沈周　《辛夷墨菜图》之《墨菜》　故宫博物院藏

淹没。沈周的南园也没能幸免[7]。细读沈周诗，"苦雨""雨闷"
之类的诗作屡见不鲜。那是因为他种田不是为了卖钱，也非想象中
高人雅士的陶冶性情。他自称"东老"[8]"田舍翁"，以务农自足，
一年所食皆仰赖自家菜园。也正因如此，才会对脚底土地生长出来，
挺过风霜雨雪的米粒、菜根有那样真挚的情感（图10）。

南畦多雨露，绿甲已抽新。

切玉烂蒸去，自然便老人。

——沈周《菜花》

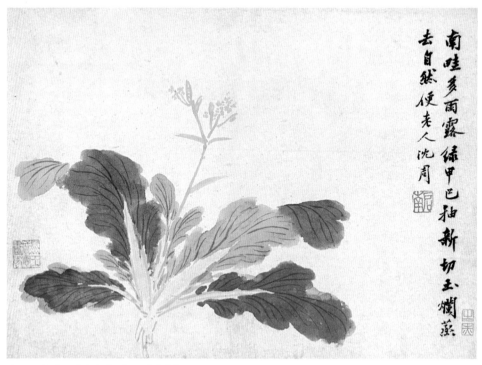

图 10　沈周　《卧游图册》之《菜花》

　　沈周一辈子画了不知多少白菜，后来作卧游图时已经很老
了，还说牙齿咬不动菜根，就和粥煮得烂熟，端出来也是一盘美
味。对于我们而言，煮烂的白菜或许能吃得下口，但真的就比羊
羔美味吗？其实，沈周的味蕾并没有什么特异之处。称白菜为"世
间至味"[9]，自有他的道理。

　　菜之于味，（周）极其嗜好。故为之传神，又为之作赞：

天苴此徒，多取而吾廉不伤；士知此味，多食而吾欲不荒。藏至真于淡薄，安贫贱于久长。后畦初雨，南园未霜。朝盘一箸，齿颊生香。先生饱矣，其乐洋洋。

——沈周《题菜》

天赐白菜以苴壮，日拔数棵也不会消亡；且因为味道极淡，多吃几盘也于食欲无损。白菜将人世真理藏于淡薄的风味，食客不用求人，亦可安贫贱于久长。此际雨初落，霜未上，每天早上都能吃上一盘自己的亲手所植，先生怎能不齿颊生香，其乐洋洋。

## 注释

1.唐代李肇《唐国史补》卷上："颜鲁公之在蔡州，再从佺岘家童银鹿始终随之。"银鹿为颜真卿家童,后成为家童的代称。

2.明代王鏊《姑苏志》卷九："莫厘山，相传莫厘将军所居，一名胥母，以其在洞庭之东，称东洞庭山。其山周回八十里，视西洞庭差小而岗峦起伏，庐聚物产大略相同。所不同者，西石清而润，东石黄而燥；西宜梨，东宜枇杷。"卷十四："枇杷，出洞庭山。初接则核小，再接无核。"

3.汉代桓宽《盐铁论·崇礼》："南越以孔雀珥门户，昆山之旁以玉璞抵乌鹊。"

4.广州美术馆所藏沈周《吴中十二景》之《光福山》一帧题诗云："邓尉山中好，幽寻可杖藜。风光宜五月，处处熟杨梅。"

邓尉山为光福山西南侧的山峰。

5. 清代赵宏恩等修《江南通志》卷一百六十八："薛章宪，字尧卿，江阴诸生，工诗古文，吴人都穆拟之商彝周鼎。性喜佳山水，意到辄轻数千里赴焉，居宾坐中敛肱默坐貌古神清。"

6. 意为失意的穷酸书生。《类说》卷四十引唐代张鷟《朝野佥载》："江陵号衣冠薮泽，人言琵琶多于饭甑，措大多于鲫鱼。"

7. 本年作《苦雨》诗，有"秋霖伤我稼，南亩在波中"之句。《沈周集》中另有《雨闷二首》《嘲雨》《苦雨寄城中诸友》《苦雨二首》等诗。

8. 沈周常自称"东老"，例见"东老于今贫更懒"（《因贤公之洛阳附呈刘宪副》）、"自怜东老是前身"（《和陈允德见寄韵》）、"东老留君无白酒"（《送诸立夫归杭》）等。按"东老"为北宋隐士沈思自号。

9. 沈周《菜庵》："嗜淡原非食肉侯，圃翁种此托珍羞。霜根下箸兼糜烂，雨叶堆盘荐齿柔。买去固多求益者，拔来应少为人谋。世间至味君何识，三九常充日不忧。"

# 第四章
## 心与天游

高木西风落叶时，

一襟萧爽坐迟迟。

闲披秋水未终卷，

心与天游谁得知。

——沈周《秋日读庄》

高木西風落葉
時一襟葉菓坐
遲間披秋水末
終卷心興天遊
誰得知 沈周

沈周　《卧游图册》之《秋日读庄》

## 芳园椿树下

深秋独坐岩畔，耳边是落叶西风，掌中唯一卷《庄子》。正好翻阅至《秋水》一篇，不需读完，目之所骋心与神会。此间之乐，天知地知我知，无需也难以向外人道。

虽然题画诗里写的是《秋水》，但更像是为了合乎韵律与节气以一代表篇目指代《庄子》。实际沈周所表现出来的状态，要更接近《庄子》中另一经典篇目《外物》里提到的"心有天游"：

庄子曰："人有能游，且得不游乎？人而不能游，且得游乎？夫流遁之志，决绝之行，噫，其非至知厚德之任与……凡道不欲壅，壅则哽，哽而不止则跈，跈则众害生。物之有知者恃息。其不殷，非天之罪。天之穿之，日夜无降，人则顾塞其窦。胞有重阆，心有天游。室无空虚，则妇姑勃溪；心无天游，则六凿相攘。大林丘山之善于人也，亦神者不胜。

——《庄子·外物》节选

庄子以为，任由心志流遁或谢绝人事都无法做到真正的悠游自适。凡为道最忌产生滞塞，世间有知觉的物体都生有孔窍，靠着气息日夜不停地流通而存在，无知之人却堵塞了自己的孔窍。胞膜之中留有空旷之地，才能心与天共游。就像一间房子里要是没有空隙，婆媳挤在一起难免要发生争吵。心一旦无法与天共游，六孔便会互相扰攘。所以人们平日里处在逼狭之地，心神总是无法安定，一旦回归山林，则会感到很舒畅。

画中的沈周远离尘世，身处"大林丘山"之间，感受着"高木西风"的萧爽，六凿畅达无碍，自然也达到了"心有天游"的境界。其在心志流遁和谢绝人事中找到了平衡的奥义，绝非奔走功名、醉心红尘之人所能领会。长沈周5岁的同乡魏昌，虽算不上吴宽、刘珏、韩襄那样的至交，却是少数能与他分享"心与天游"之乐的友人。

魏昌，字公美，号耻斋，在苏州过着"大隐隐于市"的生活。他素来好古，三代以来的器物书画多能一眼辨识；为人有雅趣，于屋后"种树凿池，奇石间列"（吴宽《耻斋魏府君墓表》），日与三五好友雅集于此。沈周是雅集的常客，身为善画的后辈，也主动承担了将雅集之乐状而成图的"责任"。比如他于成化五年（1469）所画的名作《魏园雅集图》（图1）。

那年冬天，沈周与刘珏同赴苏州城看望魏昌，正巧祝颢、陈述、周鼎三人也相继到来。在沈周的画里，小亭中右侧二人与左侧坐者身着官服官帽，当是祝颢、陈述和刘珏三位致仕官员，另一人应为周鼎。至于右侧树下的古服古貌、曳杖缓步者，当为"身

图1 沈周 《魏园雅集图》
辽宁省博物馆藏

长古貌""布袍曳地"（吴宽《耻斋魏府君墓表》）的园主人魏昌（图2、图3）。

> 邂逅集群彦，衣冠充弊庐。
> 青山供眺外，白雪唱酬余。
> 兴发空尊酒，时来阅架书。
> 出门成醉别，不记送高车。

成化己丑冬季月十日，完庵刘佥宪、石田沈启南过予。适侗轩祝公、静轩陈公二参政、嘉禾周疑舫继至，相与会酌。酒酣兴发，静轩首赋一章，诸公和之。石田又作图，写诗其上。蓬荜之间，烂然有辉矣。不揣亦续貂其后。传之子孙，俾不忘诸公之雅意云。吴门魏昌。（图4）

如魏昌所述，是日五位好友不约而同陆续来到魏氏园中，饮酒联句，眺望远处青山，对着十二月的白雪唱酬。当众人一杯接一杯饮尽了酒，又入书房参观魏昌这位博古达人珍藏的古书，好不惬意。等到天色渐晚，才依依惜别。等到魏昌酒醒后，已记不起是否曾出门送客上高车。

宾客雅集、燕饮赋诗是吴中文士的日常。沈周住在苏州乡下，与居于"市尘中"（吴宽《耻斋魏府君墓表》）且极少外出的魏昌并不经常见面。魏园雅集四年后的一个夏日，沈周入城寓僧舍，魏昌闻讯冒暑热来访。许久未见的二人情好如昨，相与对坐，清论竟日而别[1]。

解逅集群彦衣冠克辦廬青山供眺外白雲倡酬餘
興發窒尊酒時來閱架書出門咸醉別不記送高車
成化巳丑冬季月十日完菴劉僉憲居田沈啟南遇
予適侗軒祝公靜軒陳公二参政嘉禾周疑舫維
至相興會酌酒醺興發靜軒首賦一章諸公和之
后田又作圖寫詩其上蓬蓽之間爛然有輝矣不
揣亦續貂其後傳之子孫俾不忘諸公之雅意云
吳門魏昌

图 2—图 4 《魏园雅集图》（局部）

魏园雅集那日固然快乐，形式上却未必有胜过前代之处。相较而言，魏昌之所以在沈周心中有一个特别的位置，或许是他能与其分享那份"心与天游"的宁静。成化十七年（1481），魏昌六十初度，他请人作像并自题一诗。沈周在和诗里表露了他不同常人的、欣赏魏昌的地方：

> 诗题小像当初度，此日思亲寄所悲。
>
> 寿相出群清类鹤，咏言多味老犹卮。
>
> 乡行燕饮宾尝与，户有租庸子自知。
>
> 更爱芳园椿树下，消闲坐读大宗师。
>
> ——沈周《和魏公美六十自题小像诗韵》

人生六十已属高寿，生日首先想到的是去世多年的双亲，这是魏昌的温情。世人皆知他的诗愈老愈醇，自从家中事务交予子孙，也有了更多的时间燕饮宾客。然而沈周却说相比于热闹的聚会和竭尽才思的赋诗，魏昌更爱一个人闲来无事，在家中屋后的椿树下坐读《庄子·大宗师》。那样的快乐，大部分人并不懂得。

## 我家芭蕉三百本

窗前谁种芭蕉树，阴满中庭。阴满中庭，叶叶心心，舒卷有余清。
伤心枕上三更雨，点滴霖霪。点滴霖霪，愁损北人，不惯起来听。

——李清照《添字丑奴儿》

这首词的前半阕写晴日里见芭蕉舒卷，得其荫蔽的喜悦；后
半阕写深夜听骤雨打芭蕉，牵惹起无限的别愁离恨。古人写芭蕉，
很少有像李清照这样摄其"双面精神"的。

图5　明　杜琼　《南村别墅十景》之《蕉园》　上海博物馆藏

芭蕉性喜温暖湿润的气候，中国北方部分地区并不多见，所以孤身南渡时的李清照夜间听窗外雨打芭蕉，说"愁损北人，不惯起来听"。即使是在多有种植的江南人家，也只有艳阳与骤雨轮番来袭的盛夏，才是最能得尽芭蕉奥义的时节。

元末明初陶宗仪隐居松江泗泾南村，除了著名的《辍耕录》之外，还留下了描述其隐居之地的《南村十咏》，其中就有《蕉园》。陶的弟子杜琼将老师的诗绘成了《南村别墅十景》。图中，主人身处蕉林空地，手持拂尘，盘腿坐于虎皮垫之上，一派悠闲自适的隐士风姿（图5）。避暑纳凉，这是晴日里的芭蕉之妙。

杜琼是明代苏州府人，精通翰墨，开吴门画派之先声[2]。在陶宗仪之后，杜琼拜入大儒陈继门下，而陈继之子陈宽就是沈周《庐山高》中致敬的老师。小杜琼近30岁的沈周与其成忘年交，也共享了一种夏日经验。


蕉下不生暑，坐生千古心。

抱琴未须鼓，天地自知音。（图6）


炎夏漫长，坐于蕉下却清凉无暑，悠闲自在的沈周不禁坐忘入玄。已于万籁俱寂中神游千古，得天地为知音，所以觉得抱着的古琴也没有了弹奏的必要。东晋陶渊明有无弦琴，以为"但识琴中趣，何劳弦上声"（《晋书·陶潜传》）。这和沈周的"抱琴未须鼓，天地自知音"异曲同工。

然而这样高妙的境界绝非常人能及。对于大多数人来说，避

图6 沈周 《蕉下鸣琴图扇》 台北故宫博物院藏

暑就只是避暑而已。但夜间听雨打芭蕉，往往就能共赴一场相思
的愁海。

> 便欲开船去，因君更写蕉。
> 要知相忆地，叶上雨潇潇。
>
> ——沈周《为友人写蕉》

> 我家芭蕉三百本，雨里小楼殊未眠。
> 君来况是异乡耳，一夜故山心惘然。
>
> ——沈周《题蕉送赵文瑞》

在第一首诗里，沈周提醒即将远行的友人不要忘了曾共听过

的雨打芭蕉。第二首诗的赠予对象赵文瑞客居苏州多年，此夜宿于沈周家中被窗外雨打芭蕉声勾起了乡愁，彻夜未眠，故沈周作"芭蕉图"相慰。借由这首小诗，我们也得以知道，原来沈周家中竟栽了芭蕉三百本之多，难怪夏日无事，便可抱琴坐于蕉下。

> 惯见闲庭碧玉丛，春风吹过即秋风。
> 老夫都把荣枯事，却寄萧萧数叶中。
>
> ——沈周《题蕉》

"惯见""庭前"呼应了"我家芭蕉三百本"，"荣枯"二字则道出文人眼中芭蕉的深层内涵：芭蕉绿于春末夏初，待到初秋天寒就逐渐衰败。这是它跟另一种常见的园林绿植——竹子最大的区别。王徽之爱竹，说"何可一日无此君"（刘义庆《世说新语·任诞》），默认的前提是竹子一年到头日日可见。芭蕉则是"不坚牢"的世间美物，对于沈周来说，栽种观赏的意义在于"观其荣枯"，寄托阅蕉如阅世的隐者怀抱。

沈周还写过一篇《听蕉记》，先是在大段的篇幅里用各种象声词描述了不同大小、速度的雨点打在芭蕉叶上的声音，最后用同乡胡日之的例子，说明三吴之人对雨打芭蕉声的喜爱到了近乎痴迷的地步：

> 夫蕉者，叶大而虚，承雨有声。雨之疾徐疏密，响应不忒。然蕉曷尝有声，声假雨也。雨不集，则蕉亦默默静植；蕉不虚，雨

亦不能使为之声，蕉、雨固相能也……长洲胡日之种蕉于庭以伺雨，号"听蕉"。

在那个四海升平的大明盛世，宋元时代的山河破碎早化为记忆里的烟尘，雨打芭蕉已不再能激起李清照那般的沉痛和绝望，转为一种江南文人共通的、缠绵悱恻的幽情。

## 仙人舞步

成化十五年（1479）四月初九，天黑得比往常早。正乘舟独往西山一游的沈周行至中途，不得不于临近的虎丘停泊（图7），打算于山中寺院借宿一晚[3]。

位于苏州城西北七里外的虎丘只是一小丘，却因内藏诸多名胜，位列吴中诸山之首[4]。相传春秋时期吴王阖闾葬于此地，以扁诸、鱼肠等宝剑三千殉葬。入葬三天后，宝剑的精魂结为白虎盘踞丘上，故名。秦始皇统一六国后欲发阖闾墓，终未得墓之所在，凿地所遗成一深涧，是为剑池。东晋时，司徒王珣及其弟司空王珉在虎丘东、西面营建别墅，后舍宅为两寺。刘宋高僧竺道生又弘法于此，留下了"生公讲台""千人座""点头石""白莲池"等古迹。

到了明代，虎丘已经是终年游客云集的"网红景点"[5]。同时作为极具代表性的苏州名胜，这里亦是多数吴中文士离乡远行

图7　沈周　《虎丘十二景》之《虎丘塔》　克利夫兰美术馆藏

前聚会欢游、饮酒作诗的饯别之地。因此沈周虽不喜热闹，一生却不知有多少次来到虎丘。不过夜间独游至此，这还是头一回。

不似白日里的人声喧阗，游客散去后的虎丘寂静得能听得见自己的脚步声。夜空晴朗，剑池前光滑平坦的"千人座"照见明月如水，沈周一开始还下意识地小心措足，三两步后马上就步履轻盈地旋绕观清影，思绪也在山空人静月明中神游千载（图8、图9）。

四月九日，因往西山，薄暮不及行，舣舟虎丘东趾。月渐明，遂登千人座，徘徊缓步，山空人静，此景异常，乃纪是作。

　　　　一山有此座，胜处无胜此。

　　　　群类尽硗出，夷旷特如砥。

　　　　其脚插灵湫，敷霞面深紫。

　　　　我谓玛瑙坡，但是名差美。

　　　　城中士与女，数到不知几。

　　　　列酒即为席，歌舞日喧市。

　　　　今我作夜游，千载当隗始。

　　　　澄怀示清逸，瓶罍真足耻。

　　　　亦莫费秉烛，步月良可喜。

　　　　月皎光泼地，措足畏踏水。

　　　　所广无百步，旋绕千步起。

　　　　一步照一影，千影千人比。

　　　　一我欲该千，其意亦安矣。

　　　　譬佛现千界，出自一毫耳。

　　　　及爱林木杪，玲珑殿阁倚。

　　　　僧窗或映火，总在蛛网里。

　　　　阒阒万响灭，独度趿然履。

　　　　恐有窃观人，明朝以仙拟。

　　　　　　　　　　　　——沈周《夜登千人石有序》

地措足畏踏水面廣無百步

旋繞千步起一步點一影千

影千人比一我歡詼千其

意無妄美譬佛現千界

出自一亮耳及愛林木

秒玲瓏殿閣倚僧窈武

軼火總在珠網裏閒々

萬響滅獨度哭然複

恐有窺觀人明朝以仙

擬

千人石夜遊　沈周

一山有此座勝處無勝此

群顏盡碗出夾曠特如

砥其脚挿靈湫敷霞面

深紫我謂瑪瑙坡但是名

善美城中士與女數到

不知幾列酒即為席歌

舞日喧市今我作夜遊

千載當隂始澄懷永清

送訊囂喧是咇亦莫賢乘

图8、图9　沈周　《千人石夜游图》《千人石夜游诗卷》　辽宁省博物馆藏

虎丘众多景点中，"千人座"为最胜处。这里的石头光滑平坦，难道是春秋时吴王阖闾曾以之打磨三千殉葬宝剑？剑池前的千人石岩面如敷霞光[6]，不如就称其为"玛瑙坡"？好像还差点意思。平日里，城中不知凡几的男男女女总在这里列酒为席，载歌载舞，如同闹市（图10）。像今天的"我"这样夜间独游，千载以来或许还是第一遭，想必后来者都会纷纷效仿[7]。

不必带上装有酒水的瓶瓶罐罐，空手而来才是幽人的清逸；也无须学古人秉烛夜游，因为每一步都正好踩在似水的月光上。"我"用脚反复丈量这里，直线穿行未满百步，但环绕一周要千步起。随着身位的微移，每一步的影子都独一无二。"我"竟打算凭一己之力模拟千人同坐的场景？想来是有些狂妄了。但就像

图10　沈周　《虎丘十二景》之《千人石》

佛影出现在千界，本尊其实只有一个，相信曾在此讲经的竺道生法师也会表示赞同。

借着月光，林木尽处缈缈可见虎丘寺院所在。此刻僧人或在映火念佛，莫嫌寂寞，相传象征智慧的蜘蛛也喜听经。万籁俱寂中，"我"仿佛听见自己的脚步声。如果这一幕被人于暗中目睹，明早或许城市里都会流传起仙人步月的逸闻吧。

第二天沈周是否如原先计划般启程往赴西山，我们无法得知。但很快城中真的流传起了关于那天晚上的传说：沈周将当晚所作寄给好友杨循吉，后者特爱之，两次相和，沈周夜游千人石的经历由此传遍吴中。士人们争先为和以附风流，成为一时盛事。来求沈周手书诗卷者更是在有竹居外排起了长队，一直到 10 多年后还有人前来求书此作。

往年月夜，赋此长语，因纪所游耳。杨仪部谬爱，两致和篇，吾诗遂连闻于吴中，以为盛事。此卷因病起，仅能书其倡而手力告乏，幸江东徐子仁代之，又增贲多矣。然千人石盖吴中胜处，人皆游，皆得咏，咏而成卷，人皆得藏，余故不吝屡为人录，此其一也。弘治癸丑岁，夏五梅雨中。沈周。（图 11）

苏州的夏五月梅雨连绵，依然有人前来求沈周手书当年与杨循吉的唱和之作。适时沈周刚刚病起，写了第一首就感体力不支，余下遂请徐子仁代笔。在落款时，沈周谦虚地表示千人石为吴中胜景，人皆欲游而咏，咏而成卷，所以有来求自己手书当年诗作

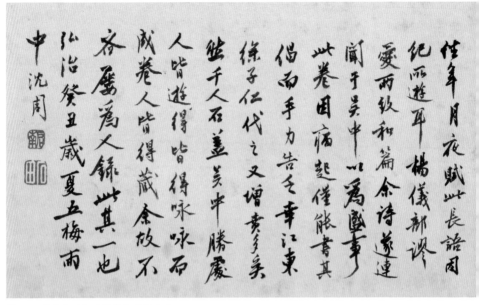

图11 《千人石夜游诗卷》沈周自跋

者，他从不吝啬。言下之意是说他的诗沾了千人石这一常年"热门景点"的光。但既然人皆欲咏而成卷，又都以得沈周之诗为幸，可见胜景又须得佳作，方能风流传不朽。

## 夜坐是心灵的斋戒

七月既望（农历七月十六）对于中国文人来说，似乎是个灵感迸发、豁然顿悟的日子。宋元丰壬戌（1082）的七月既望，苏东坡与友人泛舟黄州赤壁下，写出了震古烁今的《前赤壁赋》；

而明弘治壬子（1492）的七月既望，身在长洲家中的沈周失了眠，创作出一画一记（图12），将心与天游的瞬间定格，传之后世。

　　江南的秋七月，西风渐凉。这天，73岁的沈周早早入睡，却于夜半时分自然醒来。大概是前半夜睡得酣甜，所以特别精神。几番尝试再度入睡失败后，他干脆披衣坐起，点上一盏烛灯，从堆满书籍的案台上随意抽起一本来看。看累了，就放下书望向窗外（图13）。

　　　寒夜寝甚甘。夜分而寤，神度爽然，弗能复寐。乃披衣起坐，一灯荧然相对。案上书数帙，漫取一编读之。稍倦，置书束手危坐。久雨新霁，月色淡淡映窗户，四听阒然。盖觉清耿之久，渐有所闻。

——《夜坐记》节选一

　　连日的秋雨初停，云雾消散中透露出淡淡的月光，照映在窗台上。凝神仔细倾听周遭，全无动静。也不知过了多久，随着清晨的临近，远处才渐渐传来了声响。

　　　闻风声撼竹木，号号鸣，使人起特立不回之志；闻犬声猎猎而苦，使人起闲邪御寇之志；闻小大鼓声，小者薄而远者渊渊不绝，起幽忧不平之思。官鼓甚近，由三挝以至四至五，渐急以趋晓。俄东北声钟。钟得雨霁，音极清越，闻之又有待旦兴作之思，不能已焉。

——《夜坐记》节选二

图 12　沈周　《夜坐图》　台北故宫博物院藏

夜坐記

寒夜寢甚甘，夜分而寤，神度爽然，弗能復寐，乃披衣起坐。一燈熒然相對，案上書數帙，漫取一編讀之。稍倦，置書束手危坐。久雨新霽，月色淡淡映窗戶，四聽闃然。蓋覺清耿之久，漸有所聞：聞風聲撼竹木，號呼啼嘯，而使人起悲壯慨慷之思；聞犬聲狺狺而狂，知有盜者過，而又遠隔之，不暇致驚也。復聽之既久，而又聞鐘聲。漸次擊作，其聲逾近，始近而終遠，俄北斗挂墻北，而清越之響猶隱隱在牆角間。夜氣澄定，清越彌遠。齊鐘鼓之響得之於耳，聽之既久，其聲種種各別。心隱隱然若與之往也，心方凝定，久之心寂然而聲亦絕。久之動息俱遣，形神俱融，一室之內，如非吾身。而又聞雞聲三五以逐。漏三四過，復以聲四面交作，漸以遠聞。俄東方已為曉色，萬物之理心體之妙以著。

心亦靜而文字間意味常得之於靜，而有發於此且他勝事與是聲色者，俱過而隨之以去。蓋吾於文章是敗物之意。於人者寡而損人者多，有若今之聲色，果與我妙合，則具為驅馳，特存乎耳俟以謂志者；果鶩乎外乎？其有於物乎？得因物以發吾之志者果矣。特存乎耳俟之未嘗不善吾進修之資，而物之益於人者宏矣，吾常是兩者而辨焉，於是而齊心翛坐於更長明燭之下，因以求事物之理心體之妙以著之幽，以為修己應物之地，他時必有。

弘治壬子秋七月既望長洲沈周

首先入耳的是秋风撼动竹木的呼号声，因能感受到竹木临风时的顽强，沈周以为听见这种声音能使人心志坚定；其次入耳者是早起家犬的吠声。这种声音喧扰不休，能令人警觉，防止闲邪入侵；渐渐地，又传来远处绵绵不断的小鼓声和近处洪亮的官鼓声，前者唤起人的幽怨与不平，后者在频次的变化中为百姓依更报时。五更（官鼓五挝）过后不久，东北面城墙上的钟楼也相继传来声响（相城位于苏州城东北，故只闻东北钟声）。雨歇后的钟声格外清越，听之令人产生坐等天亮、吟诗作画的兴致。刚有这想法，已然思如泉涌，一发不可收拾。

在这幅图中，沈周敞开房门，坐在整幅图画的中心。他的手边有蜡烛一盏和书册数帙。人物用简笔画就，景致层次的设计也很简单，却很有效地视觉化了他在文中描述的心境。树叶和岩壁用湿笔点染，虚实难分，仿佛也听见"风撼竹木"的声响。迷蒙的远山和门前的淙淙流水一道，透露着秋雨初霁的湿润，也为山外城中，留出了传音的空间。

沈周素来喜欢夜坐，却还是第一次有这样的感受。在今昔对比中，他有所领悟：

　　余性喜夜坐。每摊书灯下，反覆之。迨二更方已为当。然人喧未息而又心在文字间，未常得外静而内定。于今夕者，凡诸声色，盖以定静得之。故足以澄人心神情而发其志意如此。且他时非无是声色也，非不接于人耳目中也。然形为物役而心趣随之。聪隐于铿訇，明隐于文华，是故物之益于人者寡而损人者多。

有若今之声色不异于彼，而一触耳目，犁然与我妙合。则其为铿匐文华者，未使不为吾进修之资。而物足以役人也已。声绝色泯，而吾之志冲然特存。则所谓志者果内乎外乎？其有于物乎？得因物以发乎？是必有以辨矣。于乎，吾于是而辨焉。夜坐之力宏矣哉！嗣当斋心孤坐，于更长明烛之下，因以求事物之理，心体之妙，以为修己应物之地，将必有所得也。作夜坐记。弘治壬子秋七月既望。长洲沈周。

——《夜坐记》节选三

之前每次夜间读书，沈周总是拿着书翻来覆去到二更才能专心，现在才明白那是因为二更前人声未息，无法做到外静而内定。但此番醒来时已是寂静的半夜，很快就进入了内定的状态，之后听到外界的声音，不但不会扰乱他的心志，反而能与身体和精神"妙合"，成为他的坚定心志、体悟事理的"进修之资"。即使后来声绝色泯，心志依然保持着澄净和专一。他将此种方法形容为"斋心孤坐"。这几乎就是《庄子》中对"心斋"的解释：

回曰："敢问心斋。"仲尼曰："若一志。无听之以耳而听之以心，无听之以心而听之以气。听止于耳，心止于符。气也者，虚而待物者也。唯道集虚。虚者，心斋也。"

——《庄子·人间世》节选

颜回向孔子请教什么是"心斋"，孔子的回答大意为：要专一心志，用耳朵去听不如用心去体会，用心去体会不如用气去感应。因为耳朵仅能听闻声响，心也只能与外物相合，气则由于本身的虚空而能容纳万物。真正的道，就汇集在空明虚静之中。其实这正是第一篇里讲到的"胞有重阆，心有天游。室无空虚，则妇姑勃溪；心无天游，则六凿相攘"的内涵。

若能领会沈周夜坐之意，无须置身"大林山丘"之间，亦可保持内心的空明虚静，是为心灵的斋戒。

注释

1.《书画题跋记》卷十一《石田耻斋图》载："雨里荆溪叠叠山，湿云翠藏有无间。归来老眼模糊在，水墨还消白日闲。耻斋久不会，暑中辱过僧寓，清论竟日而返。因出纸作此景，系诗以识之。成化癸巳夏，沈周。"

2.沈周曾从学于杜琼，《沈周集》中载有沈周撰《东原先生年谱》一卷，自署"门人"。

3.虎丘在苏州城西北，地近西山。沈周往西山游玩，一日间不及返相城，常借宿虎丘寺。如其《为松庵泰公题画时载大石回》诗云："我在西山看不足，虎丘更借松庵宿。"

4.明王鏊《姑苏志》卷八："吴中诸山奇丽瑰绝，实钟东南之秀……若虎丘于诸山最小而名胜特著，非有所附丽，故首列之。"

5.沈周《虎丘山》："虎阜山形胜，吴人四季游。风生铃语乱，池净剑光浮。"

6."其脚插灵湫，敷霞面深紫"两句容易以为是形容剑池水色，但沈周在后来寄给杨循吉的和诗《因杨君谦见和复和一首》中，有"铁髓积广面，岁久色尚紫"之句，则知色紫者为千人石而非剑池水。

7.此处引《战国策》中"千金买马骨"的典故：郭隗见燕昭王，以马骨自比，谏曰："今王诚欲致士，先从隗始；隗且见事，况贤于隗者乎？"郭隗认为，如果连自己这样的"庸才"都得到燕昭王的优待，那些比自己贤能好的人听闻后就会纷至沓来。

# 第五章
## 偶然

満池纶竿处处缘，

百人同业不同船。

江风江水无凭准，

相并相开总偶然。

——沈周《秋江钓艇》

沈周　《卧游图册》之《秋江钓艇》

## 道别的姿势

俗世迷眼，能遇到与自己有同样志趣的人实属难得。江河一隅汇聚钓者数百，不能不说是一种缘分。虽说有缘，每个人终究身处在各自的钓舟上，尽日随着江风江水，漂荡东西南北。

江南自古称水乡，吴中一带更是多水少山。广阔的江河上颇多以捕鱼为生计的渔夫，尽日垂钓的闲人，以及数不清的，远去、归来的客船。当千帆阅尽，晚年沈周回首悠悠岁月，才发现生命中的邂逅与离别，大部分时候并非人力所能主宰。就像钓船的相并与相开，大部分时候只是一场偶然。

明成化六年（1470）秋十月，毗陵张惟懋以春官郎中奉皇命持节册封楚藩。临行，朝士多作诗送行，更请沈周作图以纪盛事。代表朝廷出使是为官者的荣耀，然张惟懋年岁已高，加上水路多风浪，故众人诗里多"促归程""逐归航"的字眼[1]。在沈周的这幅画里，祖帐饯饮之后，驾帆而去的张惟懋仍于舟中与岸上的送行亲友遥相俯身低首、作揖拜别——这也成为后世送行图中最

经典的姿势（图1）。

> 宦牒悠悠西复东，十年一见欲成翁。
>
> 夕阳又作松溪别，无限相思再揖中。
>
> ——沈周《题画与陈秋堂别》

图1　沈周　《送行图》　佛瑞尔美术馆藏

图2　沈周　《京江送别图》　故宫博物院藏

　　沈周于成化十五年（1479）为陈秋堂所作的那幅送行图今天已不传。但从这首题画诗中，我们依然可以想象图画大概的样子：血色夕阳下，轻舟已驶出不近的距离，舟中离人与岸边亲友依然满含深情地长久相揖。

　　过去10年，陈秋堂宦迹东西。此番谕学满考，趁北上述职前的空隙回到苏州老家，见到了几成老翁的旧友。其时重阳刚过，有限的时间里二人往虎丘补登高之游。尽管秋晚只余数朵残菊，但二人兴致不减，仍喝得酩酊大醉。毕竟心知"明年思此会，或恐在他乡"[2]。

弘治三年（1490）冬，吴愈赴京述职得四川叙州府知府之任后回到苏州老家。次年春三月，短暂居乡的吴愈终于恋恋不舍地启程赴任。沈周与文林、祝允明等人相送其于京江，作诗画赠行（图2）。除了已成范式的"说再见的姿势"（图3、图4），沈周延续了擅长以草木映衬节候、强化临别记忆的手法：

在为张惟懋所作《送行图》时，因为正值深秋，所以沈周将右侧大部分的卷幅留给了苍松与红叶。而在这次的《京江送别图》里，画卷右侧长长的一路尽是绿柳垂阴、山桃盛开的春光烂漫（图5、图6）。

> 云司转阶例不卑，藩参臬副皆所宜。
>
> 君今出守古僰国，过峡万里天之涯。
>
> 众为君忧君独喜，负利要自盘根施。
>
> 我知作郡得专政，岂是唯唯因人为。
>
> 叙封况闻广九邑，其民既远杂以夷。
>
> 凿牙穿耳固顽犷，抚之恩信当怀来。
>
> 诗书更欲变呦咿，文翁之任非君谁？
>
> 荔支初红五马到，江山亦为人增奇。
>
> 山谷老人有笋赋，读赋食笋君还知。
>
> 苦而有味可喻大，历难作事惟其时。
>
> ——沈周《送吴惟谦（吴愈字）守叙州》

图 3、图 4 　《送行图》与《京江送别图》送别姿势对比

图 5、图 6 　《送行图》与《京江送别图》草木景致对比

叙州（今四川宜宾）为商周"古僰国"所在，距此有万里之遥、三峡之险。"我们"所有人都为君担忧，君却因能施展抱负而喜悦。相传那里夷、汉杂处，民风粗犷，教化未到，为官者须以恩信服之，不宜操之过急。山谷老人曾为僰地苦笋作赋，以为苦而有味，望君也能会得其中真意。若是想念起"我们"和江南的春天，且从画图中找寻吧。

文治昌明的成化、弘治年间，这样短暂相聚又依依惜别的剧情总在沈周身边不厌其烦地上演。彼时海上无倭寇肆虐，西北也只是偶有边衅，入仕为官是大多数读书人的选择，尤其在文化底蕴深厚的苏州，为了生计和功名背井离乡、宦迹天涯是常态。沈周一生未仕，是一个停留在原地的少数派，却也未能逃脱身边人来来去去带来的悲欢离合之感。然而正因为处于那个未曾移动原点上，让他又同时有着如旁观者般的冷静——深思着缘分的真义，以及无法真正置身事外的深情切意。

## 桂花开了，想他

弘治七年（1494）九月十五一早，沈周来到苏州吴氏的东庄参加一场赏花论诗、品橙试茶的秋日集会。与会者都是苏州的名士，却唯独少了东庄主人吴宽。

22年前吴宽高中状元，此后便长年于京任职，少有回乡的契机。虽然如此，他的两个儿子还是经常邀父辈的好友到东庄雅集。这里位于古城东门外不远，"水木清晖""地静人闲"（沈周《东庄为吴匏庵尊翁赋》），确是一块风水佳处。

沈周与好友苏安道结伴而来，远远就望见了烟霞缭绕的东庄。他们沿着田间小路几番萦回，抵达一片树林间的空地。深秋风霜渐劲，吹落桂花满地。仆人从庄内果林摘下金黄的橙子，和茶具一起在石桌上摆好，客人一到就开始陆续上糕点、酒水（图7、图8）。

苏安道兴致来了，率先作诗一首，与会的文士纷纷唱和。他们的诗文我们已无从窥得，只有沈周的一首，借这幅《园中赏桂》，流传到了今天。


落落烟霞迥，萦回小隐佳。

橙金缀前槛，桂玉洒空阶。

望断排云雁，探穷灌果涯。

风霜正萧滟，苹蓼慰幽怀。

同苏安道赏桂匏庵（按：吴宽号）斋中，因次安道韵，并缀以图。周。


这首诗由远及近地描写了雅集之地的景致，但重点还在于借草木抒情。橙熟桂发时节，林间烟霞弥漫，模糊了前后不过数尺的距离。在场好友们相谈甚欢，沈周独立桂树下，痴痴地望着天边，等不到大雁带来牵挂之人的消息。他走遍了主人常年灌溉的果园，只感风霜萧索之际，唯有水岸边依偎而生的白蘋红蓼稍慰

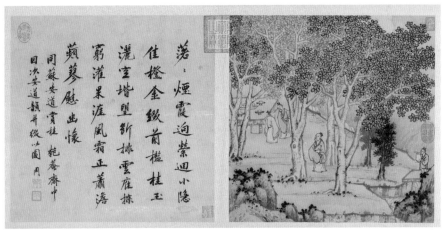

图7、图8 沈周 《摹古册》之《园中赏桂》 台北故宫博物院藏

幽怀。

从诗中的"橙金""果涯"看，这次雅集的具体地点应是东庄二十四景中的果园（图9—图14）。原来此处除了果树之外，还栽了不少丹桂。这不过是沈周《摹古册》中的一帧而已。除《园中赏桂》外，还有其他19帧。它们记录了不同的日常，寄托的思念之情却是共通的。

"今天和韩克瞻一起骑驴回有竹庄，途中下起了阵雨。道路漫长，疲惫的毛驴还没有小孩子走得快（图15）；这天晚上我辗转难眠，坐在有竹庄内对月凝思。竹虽好，多了却遮住了月光。此处有二水经过，却无山可攀。生活中的事总是不能如意完满，想你的时候我就望望云间月（思君每自望云间）（图16）。今天我去了虞山，重登梁昭明太子读书台。多年前一同登览的经历还恍然在目（今犹不忘，缅想成咏，复系以图[3]）（图17）……"

在《雪图》（图18）一帧里，沈周透露了创作这套册页的缘由。

客秋话别匏庵先生于金昌。酒酣情剧，不能作一诗一图为赆。倏忽一载，阔惊如渴。暇日漫成小帧二十册。其间或追忆昔游，或对景写怀，积有时日方能成帙。远寄都门，或可博一粲也。长洲沈周。

某一年的秋天，沈周与吴宽饯别于苏州金昌亭（又名金阊亭）。当时沈周喝得不省人事，故未作一诗一图相赠。转眼一年过去，对吴宽的思念逐渐难以遏制，平日里他就开始将其抒之于

图9—图14　沈周　《东庄图册》之《振衣冈》《朱樱径》《果林》《曲池》《续古堂》《耕
息轩》　南京博物院藏

画。或追忆昔游，或对景写怀，即使是生活中的琐事，也有想跟好友分享的欲望。在他想来，要是吴宽在远方收到这些"啰嗦话"，或许也能会心一笑吧。

提及创作这套画册花费的时间，沈周只是模糊地说"积有时日方能成帙"。然而当我们深究这一问题，发现这 20 帧画作最早与最晚者竟至少相距 20 多年！

整套册页中，唯有《雪图》一帧留有年款（成化辛卯），因此台北故宫博物院官网将此册定为成化七年（1471）所作。然《竹梧别墅》一帧所描绘的是沈周第二次游杭州时（成化二十一年）的场景[4]，《坐月有怀》与《山水》两帧的题诗里更是出现了"匏庵少宰"的字样。尤其是《山水》（图 19）一帧：

> 一柱巍巍万象超，切台接斗见岧峣。
>
> 命惟说用金为砺，天许姚攀玉作标。
>
> 森列宸枫均湛露，夤缘野竹上青霄。
>
> 文章变化成何用，更倚云霞看写描。
>
> 拙作小图，奉寄匏翁少宰，而期祝之意在矣。沈周。

所谓"森列宸枫""上青霄"，皆为吴宽被皇帝亲自擢拔的指代，即落款的"期祝之意"，当是恭贺吴宽新任少宰而作。在明代，少宰是吏部侍郎的代称，而吴宽于成化八年（1472）春高中状元进入翰林院，直到弘治八年（1495）才官至吏部右侍郎[5]。考吴宽擢吏部右侍郎不久，同年便因继母过世回乡丁忧，则此册

浮雲樓地日無光，足力
渡蹇道路長，都是小
見熊疾走這場風雨
邨誰當
九月十日聞韓克續洗邺城歸
有竹莊途中遇雨日作是圖并做
臣馳筆法
周

星河匝地夜闌珊坐久
幽懷百事關長老欲逃
如鏡裏恩君每自望雲
間一亭多竹還妨月二
水邊家又欠山世事茫誰
是足秘除心迤且高閒
有竹莊坐月有懷
沈周
乾巷少牢芹系此圖

遠秀目已過漫躬禹足青山
不嫌人兩取隨我欲魏古侪壇
泮葭林麓灌木支雲霞靈飚
散清馥棠臺特碰道攀緣把
倘竹同行玉堂彦高詠應虞谷
逭道東山嵐巳屏歌管浴中線駕
連車謾圖仍附物聊以志頗賞流
僧亦何卜景藏追縱
登梁昭明讀書臺此圖
沈周

图15—图17　沈周　《摹古册》之《归庄遇雨》《坐月有怀》《登梁昭明读书台》

图 18　沈周　《摹古册》之《雪图》

　　的完成时间当在吴宽升职之后、还乡之前，否则沈周也没有远寄京城的必要了。

　　从赴南京应乡试（秋闱，正应"客秋话别"），到荣升吏部侍郎，前后 25 年的时间里，吴宽少有待在苏州老家的时光。沈周一开始也没有想好画册的主题和定量，所谓"暇日漫成"便是想到了就写写画画，大概写完画完就丢在画筐里，也未等到一个合适的由头将其寄出。多年后为了恭贺友人的晋升，方才装点成册，将绵延 20 多年的点滴思念连缀成串，远寄京师（图 20）。

　　石田先生绘事妙绝天下。盖其功力既到，而阅历更深，直入荆关之堂奥。故其所作，每自珍惜，而人皆贵重之。此册自吴门远寄京邸，无论画之精工，即交情亦不可多得也。吴宽识。

　　沈周的画艺在当时自是天下无双，但于吴宽而言，真正无价

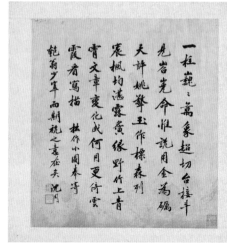

图 19　沈周　《摹古册》之《山水》

的，还是一笔一画背后，那份无关风月的真情。

　　此番还乡不到三年[6]，吴宽就再次登上了北上的帆船。已经71 岁的沈周为吴宽送行至京口，并作诗画赠予吴氏。或许是不忍作别，连将分手的瞬间形之于图也感到苦涩。他一改诸前作中遥相作揖拜别的范式，取而代之的是船舱内的依依话别（图21）。

　　　　　三年袍幞违风沙，归家读礼如退衙。

　　　　　长髯已间数茎白，瞳视明察无纤花。

　　　　　乡人廿载旷接见，老少瞻拜常填家。

　　　　　怡然不烦亦不拒，正犹茂木容群鸦。

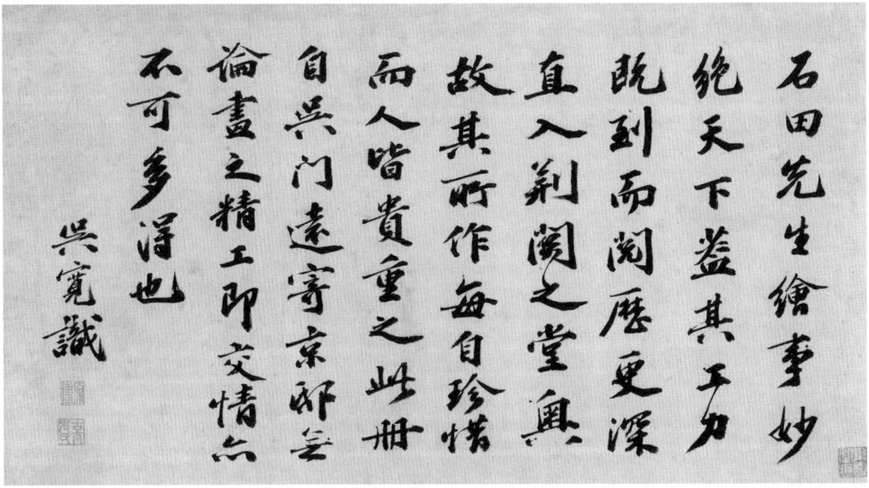

石田先生繪事妙
絕天下益其于力
既到而閱歷更深
直入荊關之堂奧
故其所作每自珍惜
而人皆貴重之此冊
自吳門遠寄京邸發
論畫之精工即交情之
不可多淂也

吳寬識

图20　吴宽跋《摹古册》

朝廷眷注特虚要，匪直鉴藻兼辞葩。

要仪百辟重德度，如郁须酒渴乃茶。

骈骈四牡不可缓，我亦殷勤当执挝。

与君一别绝聊赖，虮虱颣学嵇康爬。

衰人载见恐无日，未免握手成吁嗟。

时勤相忆但搔首，仰睇天上空云霞。

——沈周《用清虚堂韵送匏庵少宰服阕还京》

　　当朝皇帝十分重视吴宽，在其三年守丧期间，特为其空置了要职，因而沈周早早明白友人之势在必行。无从挽留的他只能依依相送。江水开阔，岸在咫尺；送君千里，终须一别。今时的二

图 21　沈周　《京口送别图》　上海博物馆藏

人都已年入古稀，过去或尚可故作潇洒，此次之后，真不知还有再见之日否？往后南北相隔，只能仰头看着天空，望穿云霞。

　　7 年后，吴宽卒于京师，二人当年的担忧不幸成真。


## 乌圆大将军

　　春秋时期吴国在失去伍子胥后被勾践所灭，如日中天的大唐帝国在废黜张九龄之后一蹶不振。历史的教训摆在面前，乌圆大将军的失踪对于大明苏州府相城西宅里一里地外有竹居（图22）内的沈周来说，打击实在太大了。

　　成化七年（1471）春，沈周搬进了修葺一新的有竹居别业。这里远离市尘，依山傍水，环境本是好的没话说。不日，伯父沈贞吉到访，感慨自己如同到了王维的辋川。

东林移得闲风月，来学王维住辋川。

紫陌桃花红雨外，沧州野水白鸥边。

满斟浊酒无丝竹，散雨新邻有石泉。

数子只留方寸地，蓝田何待玉生烟。

——沈贞《题有竹居》

沈周自己也很满意，虽然这并非什么豪宅。他写了六首诗奉和伯父，即使出现"粝饭粗衣""寂寥草座"这样的字眼，也都透露着安于平淡的喜悦。如果一定要给有竹居挑出点瑕疵，大概只有第五首中的颔联：

比屋千竿见高竹，当门一曲抱清川。

鸥群浩荡飞江表，鼠辈纵横到枕边。

弱有添丁堪应户，勤无阿对可知泉。

春来又喜将干耜，自作朝云与暮烟。

——《奉和陶庵世父留题有竹别业韵六首》其五

图22　沈周　《竹林茅屋图》（局部）　佛瑞尔美术馆藏

诗的首联精要描述了有竹居的优越环境以及此名字的由来：这里长满与屋平齐的千竿高竹，开门就是洒满阳光的一江春水[7]。而正是因为环境优越，这里的生物多样性也太丰富了些。江表"鸥鸟浩荡"或许还赏心悦目，枕边"鼠辈纵横"就叫人难以忍受了。"要是乌圆大将军还在就好了"，沈周大概会这么想。

君不见，
有猫无鼠初不知，失猫招鼠知猫福。
忆昔乌圆状虽小，爪牙棱棱威比屋。
堆床图籍任纵横，所贮肴核无不足。

——沈周《失猫行》节选一

曾经的沈周有一只跟随他多年的猫儿[8]。乌圆或许是它的名字，又或许只是形容它黑肥圆的外貌[9]。猫儿虽小，却凭借锋利威猛的爪牙威服屋内众生。沈周待它也不薄，堆满心爱的书籍图卷的床铺也任它纵横跳跃，一日多餐，点心小食供应不绝。

劳多饲缺忽他走，浑舍惊呼叵能复。
公然黠辈无忌惮，啮案翻盆恣相逐。
拥衾夜半憎嘐声，令我不眠百感续。

——沈周《失猫行》节选二

或许仍嫌待遇与工作负荷不匹配，乌圆还是不告而别了，沈

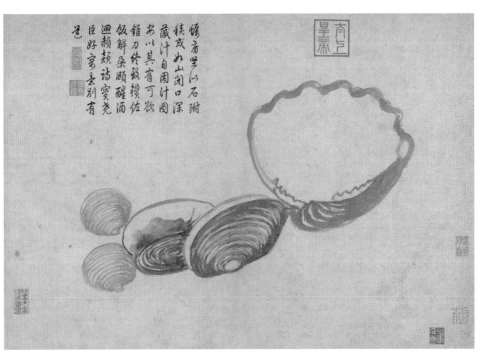

图23　沈周　《写生册》之《蛤蜊》　台北故宫博物院藏

图24　沈周　《写生册》之《公鸡》　台北故宫博物院藏

图25  沈周 《写生册》之《蛙》

周找遍了屋里的每个角落，大声呼喊着它的名字，却始终没有等
来回应。自此之后，压抑已久的鼠辈们倾巢而出，肆无忌惮地啃
案翻盆，追逐游戏。夜晚，吵得沈周躲在被子里也无法安眠。

伍胥刳目吴终泯，九龄见废唐中覆。

古来世事无不然，欹枕西风落高木。

——沈周《失猫行》节选三

这便有了开篇处的那段话。大概是历史的重演吧，想到这，
辗转反侧的沈周倚着枕头听着窗外风吹落叶，就差要吟出杜甫的

"无边落木萧萧下，不尽长江滚滚来"了。把一只猫比作伍子胥和张九龄，再化用被誉为七律之首的杜甫《登高》形容失去它后自身的凄凉，沈周的幽默里带着苦涩。

23年后沈周作《写生册》，以画记录闲居饱食的生活中那些平凡事物。其中有餐桌上吃完了的蛤蜊（图23）、院子里啄

图 26　沈周《写生册》之《猫》（局部）

米的公鸡（图 24）、江边荷叶上蹲伏的青蛙（图 25）……以及一只扭成圆状的黑色肥猫（图 26）——让人不得不想起那个失踪已久的乌圆。沈周待乌圆不可谓不好，当年的他实在想不通为何乌圆还要离他而去。与此相关的烦恼在数年的时间里都困扰着沈周。下面这首诗作于成化十一年（1475），几乎就是《失猫行》的翻版。

> 雏畜驯应久，强强啄饮便。
>
> 试鸣声故故，并宿态娟娟。
>
> 斑绶看缠项，缑巾喜冒颠。
>
> 附篱夫妇性，翻覆雨晴天。
>
> 决起无时及，笼藏且拙全。
>
> 失防狸偶攫，借庇鹊难缘。
>
> 惨酷伤连栅，猖狂绝及县。
>
> 故毛纷锦碎，遗血洒脂鲜。
>
> ……
>
> ——沈周《笼鸠为狸攫食》

沈周将心爱的斑鸠藏在笼子里，却惹来了凶残狡黠的狸的攫食。越是在乎，一味想要将它捧在掌心，结果却适得其反。这样的困惑似乎在作《放鸽图》（图 27）时才得到了释然。

秋日里，一只鸽子飞过院墙落在秋轩前的花圃（醒目的太湖石、黄葵和鸡冠花都将图中的地点指向了秋轩）。看它毛羽鲜亮

图 27　沈周　《放鸽图》
　　台北故宫博物院藏

整洁的样子，应是平日里得到了主人的悉心照料，又不知怎的逃出了金笼，在这无风晴日的花丛中与"我"相遇。

> 好似金笼放，飞奴旧有名。
>
> 小园风日里，采色映花明。

不必纠结从何来，也无须忧虑向何去，"小园风日里，采色映花明"的物我两适，才是此刻唯一值得记录的事。


## 狐丘宿约

弘治元年（1488）春，沈周为亡妻于西山官竹园觅得一处墓址。官竹园位于沈家先人茔墓所在隆池的支脉，沈周形容此处"青山长卧有烟霞"（《理坟二首》），是与亡妻偕"狐丘宿约"（《理坟二首》）的理想之所。墓址选定，接着就是翻土动工，一家人包括 62 岁的沈周也亲自上场，直到岁末才将告完工。

下葬之期选在十一月二十五日，然自八日始连着下了 10 多天的雨，修筑茔墓灰隔[10] 的进度受到影响，沈周心急如焚。这时有客人拿着一幅宋代米友仁（字元晖）的山水画来访。寝食难安的沈周阅后仿米氏笔法（图 28）一写眼前云山模糊之状，亦以抒发胸中烦闷。笔墨挥洒间，听着窗外不绝的雨声和鹧鸪啼叫，往事一幕幕在沈周的脑海中涌现。

18 岁那年，沈周迎娶了大自己 3 岁的妻子陈慧庄。在看重父母之命媒妁之言的古代，二人的结合当然不是什么自由恋爱。好在相似的出身与个性让他们之间并不缺少共同话题。或许不是一见钟情的爱情，但至少可以先从朋友做起。

相城沈君启南丧其配孺人，予往吊之，乃辍泣谓予曰：

"吾之妻，吾良友也……是名家子，性夷澹柔静，略涉书史。吾祖母好佛典，必先使句读，然后从而诵之。侍起居惟谨，无故未尝去左右，事吾父母亦如之，致交称之曰贤。归吾六年未有出，亟为吾置妾。已而得女，抚之如己生。及嫁，尽出其奁具以与之……吾临事或失计，能设疑相诘难，因悟而改辙者亦多。景泰间，苦饥馑，食荐不继，又长乡赋，累偿者数，则尽脱簪珥以应，无吝色。吾怀或不乐，故展书置前相质问，辄亦为之释然。其性行如此，此吾所谓良友也……它日葬，子必为我铭之。"

予曰："诺。"

……

孺人陈氏，字慧庄，常熟沙头人。祖从道，父原嗣，皆博书好礼。虽富，号儒门。年二十一归沈氏，又四十二年而卒。

——李应祯《沈启南妻陈氏墓志铭》节选

陈慧庄出生于常熟一书香门第。陈家为富户，三代人又博文好礼，几乎就是翻版的相城沈氏。家庭环境塑造了陈慧庄温柔恬淡的性格。她腹有书史，侍长辈至孝，沈周祖母好背诵佛典，每每都由她不厌其烦地提前为之断句。夫妻二人的感情就这样在平淡的日子中愈发深厚。结婚将满6年，依然无所出的陈慧庄主动为沈周置妾，家中不久就得一长女。虽然陈慧庄很快就诞下一子云鸿，她依然待妾室所生之女如己出。后来长女出嫁，家贫无余赀，陈慧庄尽数将自己的奁具与之作嫁妆。

在我们的印象中，沈周的家境应非常优越，为何会出现还要陈慧庄拿出自己奁具的情况？事实上自曾祖沈良创业以来，经过数代兄弟子孙，分到沈周头上的本已不多。沈恒沈周父子接连为粮长，不仅有督促耕种、征收的繁重职责，还要负责代偿旱涝年头税户逃亡造成税粮不足的缺额，几成苦役。这对于沈周来说不仅是精神和肉体上的折磨，更是财务上的打击。所以长女出嫁那

天，沈周说"女嫁本轻累，家贫翻重愁"（《雨中即兴》），这绝非夸张。

　　沈周和陈慧庄当然也曾有幸福甜蜜的时刻，许下白头偕老、地下共眠的约定[11]。但在漫长而平淡的生活里，维持感情的从来不是浓烈与炽热。同甘共苦，互相扶持，既为夫妇，亦是良友，这是沈周和陈慧庄长久相伴的秘诀。成化二十二年（1486）四月二十日，陈慧庄因病去世。回首过去42年的婚姻，沈周伤心欲绝，为爱妻始终与自己过着贫贱操劳的生活深深愧疚。

　　　　结褵四十二星霜，贫贱归来贫贱亡。
　　　　只剩殷勤在麻枲，尽知惭愧累糟糠。

图28　沈周　《西山雨观图》画芯部分　故宫博物院藏

骎骎马齿偕谁老，耿耿鳏情觉夜长。

浅土不安缘借殡，青山愁绝几时藏。


生离死别两无凭，泪怕伤心只自凝。

已信在家浑似客，更饶除发便为僧。

身边老伴悲寒影，脚后衰年怯夜冰。

果是幽冥可超拔，卖文还点药师灯。

——沈周《悼内二首》


  从第一首悼内诗的末联来看，年仅 63 岁的陈慧庄去世得突
然[12]，沈周还来不及为妻子，也是为自己挑选一处理想的青山埋
骨之所，所以只能先于附近浅土安放棺椁，准备日后觅得佳址再
重新入土下葬。这也就是本节开头沈周在西山官竹园觅得一处墓
地，又为连日阴雨影响工程进度而忧心忡忡的缘由。

  一帧帧往事在脑海中闪现，沈周似乎就这么在半梦半醒间度
过了一夜。第二天醒来，忽觉窗外的雨声好似停了。开窗一看，
果然天色放晴，连恼人的鹧鸪声也消散无闻。心中欢喜的他开卷
重观昨夜之作，顿觉心与老眼都豁然开朗。

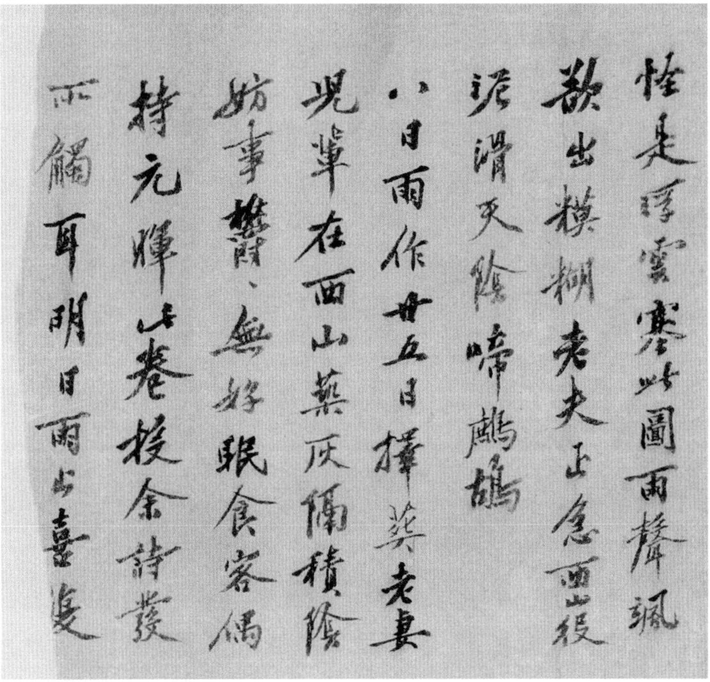

图 29　《西山雨观图》沈周自跋

　　怪是浮云塞此图，雨声飒欲出模糊。

　　老夫正急西山役，泥滑天阴啼鹧鸪。

　　八日雨作，廿五日择葬老妻。儿辈在西山筑灰隔。积阴妨事，郁郁无好眠食。客偶持元晖此卷投余，诗发所触耳。明日雨止，喜复开卷，心目顿豁。因忆元遗山词语云：树嫌村近重重掩，云要山深故故低。语中似有此画，恨不能书以为对题也。卷后有此空，方漫附戏笔，忘乎情势之外，虽形秽不自觉矣。弘治改元十一月九日，沈周[13]。（图 29）

十一月廿五日，西山官竹园内陈慧庄终于如期下葬，从春天忙到冬天的一件大事终于落了地，而要履行当年许下的"狐丘宿约"，沈周还要度过21年"与寒影为伴""脚后怯夜冰"的孤单岁月。

注释

1. 卷尾时人题跋中，安止堂有"丹心一片逐归航"，管延枝有"心恋魏阙促归程"。另有吴敏德成化十九年（1483）所跋，云"今惟懋归田十年矣"。则张惟懋当于成化九年（1473），也即出使归来三年后告老还乡，彼时年岁当已高。

2. 沈周《十三日因陈秋堂谕学满考北行小宴虎丘补登高之游》："后已登高节，无妨再举觞。与君常酩酊，何日不重阳。山晚千屏紫，篱残数菊黄。明年思此会，或恐在他乡。"

3. 沈周与吴宽曾多次一同往虞山登梁昭明太子读书台。图中所录诗为沈周成化十四年（1478）所作《舣舟山下因游至道观登梁昭明读书台访徐辰翁丹井复作一首》。

4. 沈周第一次游杭州刘邦彦竹梧别墅（又称竹东别墅）在成化七年（1471）春，第二次在成化二十一年（1485）。《竹梧别墅》一帧中，题诗首句云"乍认东庄路不真"，意为此次来访东庄（这里并非吴宽祖宅东庄，而指代竹东别墅），因邻里变化，乍看之下竟有些认不出来，则画中所作当为第二次游杭州的场景。详见第七章中的考证。

5. 清张廷玉等《明史·吴宽传》："弘治八年擢吏部右侍郎。丁继母忧，吏部员缺，命虚位待之。服满还任，转左，改掌詹事府，入东阁，专典诰敕，仍侍武宗东宫。"

6. 古人三年守丧并非满三年，而是从第一年到第三年，满27个月即可服除。

7. 因沈贞诗中有"紫陌桃花红雨外"，则沈周修葺有竹居应该在春季完成。

8.《失猫行》未有明确纪年，在《石田稿》中列于《奉和陶庵世父留题有竹别业韵六首》之前，则当创作于成化七年（1471）以前。

9. 乌圆在古代为猫的别称。唐段成式《西阳杂俎续集·支动》："猫一名蒙贵，一名乌员。"

10. 又称"灰椁"，将石灰、细沙、黄土搅拌用以包裹棺椁和墓室（起到坚固和防潮功效）。因石灰等搅拌后需要晾干方能成型，故连日阴雨令沈周忧心。

11. 沈周《理坟二首》："官竹园头春日斜，手开新土渐成洼。观生如寄谁非客，视死为归此是家。白发暂存知电露，青山长卧有烟霞。慰劳自假闲诗酒，且弄年华与物华。""卜坟已喜傍云崖，未老先曾有此怀。鹤表虚名待谁录，狐丘宿约与妻偕。百年齐里参诸妄，一锸泥边打早乖。免向君王乞骸骨，自山生长自山埋。"

12.《祝氏集略》卷十六《韩公传》曾述及陈慧庄病因与临终前之状况："今隐君室陈硕人病咽喉结丸，小肿，不痛不痒，众医并以为痰症也。公谓隐君:'非痰症,一溃烂即死。'隐君戚其言,姑以众谋攻痰。无几,丸决破,越日便逝。"陈慧庄病时,众人皆以为是痰症。沈周之友韩宿田为吴中名医,他看出陈慧庄并非痰症,但众人也姑且只能以痰症治疗,结果"丸决破,越日便逝"。

13. 故宫博物院现藏《西山雨观图》卷后沈周跋文自"明日雨止,喜复"后裂去,现据《石渠宝笈续编》补全。

# 第六章
## 风流不可追

苦忆云林子，

风流不可追。

时时一把笔，

草树各天涯。

——沈周《仿倪瓒山水》

苦憶雲林子風
流不可追將二
把葉草樹各
天涯沈周

沈周 《卧游图册》之《仿倪瓚山水》

## 终不似，云林子（上）

弘治四年（1491）秋，好友崔渊甫持沈周旧日所作《临倪云林小景》，再次来到后者的有竹居别业。

数年前，崔渊甫曾求沈周为己仿倪云林笔意作小景一幅。沈周当时并未推拒，但一落笔便觉墨涩难运。为得倪瓒清瘦简淡的风致，所作林木山涧沈周都只是草草为之，越看越觉得面目丑恶，未完卷便欲裂去己作。崔氏见状，将其从沈周手上"救下"，当即卷画就走。此番崔氏再携此卷过访，便是为了弥补此前未来得及请沈周作跋的遗憾。

> 迂倪戏于画，简到更清癯。
>
> 名家百余襈，所惜继者无。
>
> 况有冲淡篇，数语弁小图。
>
> 吴人助清玩，重价争沽诸。
>
> 后虽有学人，纷纷堕繁芜。

崔子强我能，依样求胡卢。

墨涩不成运，林惭涧与俱。

何敢希典刑，虎贲实区区。

丑恶正欲裂，卷去不须臾。

今夕秋烛下，载见眼模糊。

妄意加润色，泥涂还附涂。

崔子岂不鉴，爱及屋上乌。

渊甫尝索此小景，盖仿倪云林笔意为之，特草草耳。今征题持来，灯下更添数笔，虽曰润色之，终不能掩其陋也。弘治辛亥九月前一日，长洲沈周[1]。


多年过去，好友竟还对一个双眼模糊的老头如此惦念与推崇。自己的旧日妄作，精于品鉴的崔子却惜之若宝，难道是看不出"我"之画不似云林吗？在朋友爱屋及乌的温情面前，似与不似又显得不那么重要了。或许也是觉得先前落笔潦草，明知"繁芜"为学倪之病，是夜沈周依然借着烛光"妄意加润色"，以"掩其陋"。

元末明初以来，倪瓒之画即为世人推崇备至，画上冲和淡泊之诗文、别具一格的书风，又与画成三绝。只是他惜墨如金，所传无多，故懂画的奉之为画中仙，不懂的也争相以重金求购，皆以能在家中藏有一幅真迹为荣事。后世画手学倪者很多，沈周却言"纷纷堕繁芜"，包括自己也不敢"希典刑"，只能做徒有其形的"区区虎贲"[2]。

> 石田先生于胜国诸贤名迹无不摹写，亦绝相似，或出其上。
> 独倪迂一种淡墨，自谓难摹。盖先生老笔密思，于元镇若淡若疏
> 者异趣耳。

——董其昌《画禅室随笔》卷二《题沈石田临倪画》

作为当时被奉为吴门画派一代宗师的沈周，无论是被视为文人画正宗的五代董巨一脉，还是后世被归入"北宗"的南宋马夏一派，抑或是从董巨中来的元四家以及传承马夏的浙派，他都无所不学，却独不能似倪云林。同乡赵同鲁长沈周4岁，每见沈周仿倪云林，也总要感慨"太过"[3]，这和董其昌所说的"老笔密思"是一个意思。

沈周对倪瓒的喜爱和模仿由来已久，一生所仿倪画难以胜计，诗稿亦保存了多首赞叹前辈风流、自己只能邯郸学步的感慨[4]。下面这首诗，则是他对倪瓒动荡一生极为精练的缩写：

> 兰渚春潮回棹远，菊篱秋雨闭门深。
>
> 行厨斫鲙烹鲈玉，秘阁烧香铸鸭金。
>
> 难后移家迷逐迹，老来怀国剩初心。
>
> 画图省识云林下，依约仙踪似可寻。

——沈周《和倪云林韵》

前半辈子，出身无锡巨富的倪瓒每每于春天放棹远游，都有随行厨子为之烹制新鲜鲈鱼；秋天就在清闷阁中闭门听雨，鸭形

图 1　元　倪瓒　《秋林野兴图》　大都会艺术馆藏

图 2　元　倪瓒　《容膝斋图》
台北故宫博物院藏

金炉里冒着缕缕香烟[5]。后来元末乱世，倪瓒被迫变卖田宅，数十年间漂泊于五湖三泖之间，生命末年才回到故乡。此间他的画作虽多题以别名，图中不变的一河两岸、空亭老树却都是"云林下"的老家的模样（图1、图2）。

流落天涯，只能凭着已经模糊不清的记忆，于画纸上涂抹回不去的"仙踪"——这便是《卧游图册》之《仿倪瓒山水》中"时时一把笔，草树各天涯"的诗意落脚所在。

## 终不似，云林子（下）

对于倪瓒画风和画上题跋所寄托的情感，画家本人曾作过更为精准的概括：

> 至正辛丑十二月廿四日，德常明公自吴城将还嘉定，道出甫里，槟桹相就语。俯仰十霜，怳若隔世，为留信宿……明日微雪作寒，户无来迹，独与明公逍遥渚际，隔江遥望天平、灵岩诸山，在荒烟远霭中，浓纤出没，依约如画。渚上疏林枯柳，似我容发，萧萧可怜……明公复命画江滨寂寞之意，并书相与乖离感慨之情……
>
> ——《倪瓒集》卷九《跋画》

元至正二十一年（1361）的岁末，10年未见的旧友德常从吴城走水路还嘉定，经过甫里，于倪瓒的蜗牛居中过了一夜。第二天一早下起了小雪，二人沿着南渚隔江遥遥望见远处的天平、灵岩诸山在云霭中时隐时现，德常便请倪瓒"画江滨寂寞之意"，并在卷上书写十年来的"相与乖离感慨之情"。这幅画后来不知去向，但从现存所有倪瓒的画与题跋中，我们几乎都能找到那种清寒至骨的萧条与寂寞。

青山在荒烟远霭之间可望而不可及，岸边疏林枯柳憔悴似"我"萧萧容发。这样的心境是极少出现在沈周身上的。所谓"苦忆云林子，风流不可追"不可谓不是沈周画事生涯之憾。无缘写得那江滨寂寞之意、相与乖离之慨，随手一笔就是"草树各天涯"，又是沈周的幸运。这幅《归自石湖图》（图3）作于成化二年（1466），或许是现存最早的沈周仿倪之作。

　　　　远林平沙带落晖，汀芦猎猎晚风微。

　　　　虚堂自领青山色，艇子湖头醉未归。

　　成化二年十月六日归自石湖，船窗多暇，戏仿云林笔意作此小景，并系以诗。沈周。


　　这一天，沈周泛舟游玩石湖，因留恋落日下"远林平沙"和芦草荡里的"猎猎微风"，他迟迟未归。借着酒意，沈周对着船

窗外的迷人景致，戏仿倪瓒笔意作此诗画。与倪瓒的《枫落吴江图》（图4）同样画的是吴中山水，同样是秋冬季节，同样有"渚上树林枯柳"、远山在"荒烟远霭中"，沈周的诗画里却透出缱绻忘归的温暖与惬意（图5—图7）。

对于己画不似倪瓒的地方，沈周心知肚明。这从他的诗画和现有留下的记载都可以看出。既然他知道自己容易画得太过、太繁复，为何不在作画时刻意减笔，反而"妄意加润色，泥涂还附涂"呢？

最迟从40岁时（作《归自石湖图》的那年）开始仿倪，到晚年依然仿之不辍，要说沈周不懂倪瓒是荒谬的。事实上，在学倪之风盛行的明代，也不会有人敢说自己比沈周更懂倪瓒，否则就不会有崔渊甫一再携画过访有竹居请求沈周完成仿作一事了。而且崔氏之例并非孤案，在此之前，老朋友朱性甫就曾多次向沈周求仿倪之作。

图3　沈周　《归自石湖图》　芝加哥艺术馆藏

图 4　元　倪瓒
《枫落吴江图》
台北故宫博物院藏

远岫平沙带
落晖汀芦猎猎
晚风微尘堂自
领青山色艇子
湖头醉未歸
成化二年十月
吾歸自石湖
船艐多暇戲
倣雲林筆
意作此小景
聊系以詩
沈周

图5—图7 《归自石湖图》（细节）

不像崔渊甫只要一幅小景，朱性甫一开口就讨要长卷。在第三章中我们已经见识过朱性甫求画的心计，这次他依然是那个百折不挠、套路百出的样子。多次求画被拒后，朱性甫于七夕过访有竹庄陪沈周饮酒作诗、共度佳节（时沈周妻陈慧庄已逝），第二天又借口同舟入城，于途中再次拿出准备好的绢纸相求。天气闷热，加上路途无聊，沈周终于答应了朱性甫。在跋文里，沈周道出了自己数十年来学倪的心得。

朱君性甫久欲余仿倪云林墨法，为溪山长卷，余辞不能。云林在胜国时，人品高逸，书法王子敬，诗有陶、韦风致；画步骤关同，笔简思清，至今传者，一纸百金。后虽有王舍人孟端学为之，力不能就简，而致繁劲，亦自可爱。云林之画品要自成家矣。余生后二公又百年，捉风捕影，安可视之易易而妄作。庚戌七夕，性甫顾予，因与晚酌有竹庄……明日因入郭，性甫同舟，出绢纸，仍以前命相逼，且暑闷正无所排拨，遂不复辞而弄笔几弥卷。性甫谓为云林亦得，谓为沈周亦得，皆不必较，在寄兴云尔。沈周。

——《石渠宝笈》卷六著录《沈启南仿倪瓒画》

首先，沈周提出倪瓒的画法并非世人常说的承袭董巨，其"笔简思清"的神髓实得自五代关仝[6]（亦作"同"）（图8）；其次明初大家王绂（字孟端）为学倪前辈，他自知不能得其"简"，转变思路致力于"繁"，结果"亦自可爱"（图9）。沈周以为，要学倪画之简是世界难题，能自成一家，画出自己模样，才是后

图8　五代　（传）关仝　《山溪待渡图》
　　台北故宫博物院藏

图9　明　王绂　《勘书图》
　　台北故宫博物院藏

世学倪者的真正出路[7]。

这次为朱性甫仿倪，他"弄笔几弥卷"，依然没有忍住做到"简"，却"排拨"了身心之"闷"。所以他说你看这幅是倪瓒也好，说是沈周也对，都不必计较。我画寄我兴，如此便已足够。


## 梅花庵外扫地僧（上）

弘治八年（1495）春，又一位老友带着沈周旧作过访有竹居。

梅花庵主墨精神，七十年来用未真。

落日晚山秋水上，扁舟惭愧白头人。

此幅余旧所作者，拟是梅花道人笔意，不觉又十五年矣。今铁梅老兄索诗，就录近作于上，草草不知其丑也。弘治乙卯春日，沈周作题。

——《穰梨馆过眼录》卷十六


15年前，沈周曾为这铁梅老兄拟吴镇（字仲圭，号梅道人、梅沙弥）笔意作《秋江晚钓图》。如今铁梅老兄上门索诗，年近七十的沈周已须发皆白，依然惭愧难得吴镇笔墨真精神（图10）。这与他之前为崔渊甫补题时写下的"何敢希典刑，虎贲实区区"如出一辙。不同的是：沈周或许真的无法追云林子之风流，于梅道人之墨法，却可以说得上是"酣肆融洽"。

图10 元 吴镇 《渔父图》
台北故宫博物院藏
（吴镇自题诗有"西风潇潇
下木叶，江上青山愁万叠。
长年悠优乐竿线，蓑笠几番
风雨歇"之句，与沈周所题
诗中景物相似）

石田绘事，初得法于父叔，于诸家无不漫澜。中年以子久为宗，晚乃醉心于梅道人。酣肆融洽，杂梅老真迹中，有不复能辨者。

对于沈周的画艺生涯，明代鉴藏大家李日华在《六研斋笔记》中的总结可谓精到。沈周早年得到父亲沈恒与伯父沈贞的画艺真传，这在第一章中已有提及。自家祖上与元末大师王蒙渊源深厚，由王蒙而入董巨，兼习五代以来诸名家，是沈周学画的进阶。中年以后，沈周以得黄公望（字子久）为楷模，家藏的《富春山居图》正是其专研黄氏风致的绝佳范本（见第八章"世事如云"）。晚年沈周则醉心于梅道人，称之为师便也是很自然的了。

淡墨疏烟处，微踪仿佛谁？
梅花庵里客，端的认吾师。

——沈周《卧游图册》之《仿吴镇山水》（图11）

黄公望、倪瓒、吴镇、王蒙，被后世列为元末"四大家"的这几位沈周都曾深入钻研，除"终不似"的倪瓒外，沈周于黄公望、王蒙各有仿其笔意的登峰之作。然而我们今天很难找出一幅从重要性和知名度上可以媲美《仿黄公望富春山居图》和《庐山高》那样的沈周仿吴镇山水的代表作。这并非由于仿之不似，反而是因为沈周晚年几已融汇梅道人之笔墨精神为己之面目，做到了"酣肆融洽"的缘故。

图 11　沈周　《卧游图册》之《仿吴镇山水》

对比吴镇《渔父图》与沈周《仿吴镇山水》中的树木、岩石的皴法与苔点，几不复可辨是梅是沈。尽管如此，在为铁梅老兄所题的诗中沈周仍说自己"七十年来用未真"，《卧游图册》中的他也只是稍能觅见"微踪"、得其"仿佛"，极尽谦恭。这是真正有所得的学生对于老师的尊敬。

与元四家中其他三人一样善用淡墨，隐居嘉兴魏塘、唯与道释中人往还的吴镇静心于营造水汽氤氲、草木葱茏，郁郁有生机的湿润云山。这与苏州的山水以及沈周清隽沉郁的天性完美契合。相较王蒙的细密奇险、倪瓒的清冷疏离、黄公望的雄浑俊逸，吴镇笔下不仅尽弃纤巧，甚至连任何一点情绪的波动、出挑的个性都消失不见，彻底归于平淡天真。这是晚年沈周醉心其间，并将其看作董巨在后世唯一传人、"天下第三士大夫画家"的根本原因：

……绘事必以山水为难。南唐时，称董北苑独能知，诚士大夫之最。后嗣其法者，惟僧巨然一人而已。迨元氏，则有吴仲圭之笔，非直轶其代之人，而追巨然，几及之。是三人，若论其布意立趣，高闲清旷之妙，不能无少优劣焉。以巨然之于北苑，仲圭之于巨然，可第而见矣。近求北苑、巨然真迹，世远兵余，已不可得。如仲圭者，亦渐沦散。间睹一二，未尝不感士大夫之脉仅若一线属疏也，亦未尝不叹其继之难于今日也。此幅予从刘完庵所临，中间妄有损益处，终自生涩……成化十年二月念四日，石田生沈周题。

——《江村销夏录》卷一《沈启南峦容川色图》

图12　南唐　董源　《寒林重汀图》　日本黑川古文化研究所藏

沈周以为，南唐时董源（曾任北苑副使，故又称"北苑"）之画为文人士大夫画之最（图12），当时向其学画的，只有僧巨然一人得到真传。到了元代，又有吴仲圭能够不随时流而直追巨然，几臻极致。至于景物的布置经营，以及蕴含其中的高闲清旷之妙，这三人又有微小的优劣：吴镇稍稍逊色于巨然、董源。距离五代过去近500年，董、巨留下的真迹已属吉光片羽，经元末战火摧残，连吴镇的画也渐沦散。沈周晚年以吴镇为宗，究其缘由，亦有欲由吴镇而追董巨，以及继士大夫画之"一线属旒"的心迹。后世董其昌提出画史上著名的"南北宗"之说，其实最早还是沈周为其梳理了南宗的脉络。

## 梅花庵外扫地僧（下）

　　在前文所引《江村销夏录》卷一《沈启南峦容川色图》的画家自跋中，沈周言自己这幅画于成化十年（1474）临自刘珏（字完庵）。既然并非直接仿自董巨或吴镇，为何又要在跋文中长篇大论的讨论士大夫画的传承之难？这在沈周写给刘珏的另一首诗中给出了答案。

> 百年董巨不可作，水墨后数梅沙弥。
> 沙弥隔代亦已矣，彭城金宪今吾师。
> 苍株偃蹇崖石古，白日雾雨愁蛟螭。

图 13 明 刘珏 《清白轩图》
台北故宫博物院院藏

淋漓似发俗眼笑，放逸独许幽人知。

我生无用信樗散，大夫岂是山林姿。

挂君素壁风满屋，翠涛一夜翻天池。

——沈周《题刘完庵松石》节选

如沈周之说，董、巨没后，元代有吴镇传其衣钵，然距今亦已久矣。环视当今天下，能继此一脉画统者唯刘珏一人[8]。《卧游图册》中沈周称吴镇为"吾师"，深意是以吴镇而入董、巨，但那毕竟还是未曾蒙面的神授之师。刘珏则是沈周父亲、伯父一辈的友人，是可以面承教诲的老师，亦是引他入吴镇画境，寻到董、巨源流的钥匙。

天顺二年（1458）夏，西田上人持美酒佳肴来到刘珏位于相城北雪泾的居所"清白轩"，参与燕集（图13）。当时同会者还有冯篯、薛英，沈周的祖父沈澄、伯父沈贞与父亲沈恒，以及侍父在侧、才三十出头的沈周[9]。

西田上人持酒肴过余清白轩中，相与燕集，恍若置身尘埃之外。酒阑，上人乞诗画为别，遂援笔成此以归之。先得诗者，坐客薛君时用也。彭城刘珏识。

——《清白轩图 》刘珏题跋

杯酒尽后，西田上人以诗画相乞，刘珏于是当场作图，以披麻皴画石，运湿笔点苔，面貌正是从董巨、吴镇中来。众人亦纷

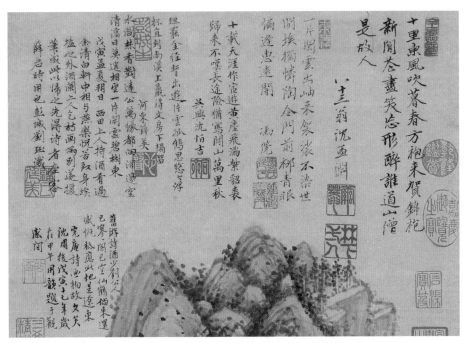

图 14、图 15　《与清白轩》众人题跋

纷竞赛作诗，结果薛英才思最为敏捷，率先完笔。彼时沈周三十出头，或许是因辈分差异，未曾参与父辈们的"作诗速度竞赛"（毕竟比在座任何一位先成诗都不太好，不如旁观看个热闹）。直到17年后，重观此画的沈周才终于题诗其上（图14、图15）。

旧游诗画少刘公，人已寥寥阁已空。

仙鹤倘来还感慨，只应此地是辽东。

完庵诗画，物故久矣。沈周后戊寅十七年岁在甲午用韵，题于观感间。

——《清白轩图》沈周题跋

到了成化十年（1474）时，昔日与会的父辈都还健在（沈澄长出众人一辈，早于 11 年前寿终，享年 88 岁），唯独刘珏于两年前去世。不知是否是拜访西田上人时得以重展此卷，沈周见故人诗画，不能不有人去楼空、旧日之欢难追的感慨。而若是将那幅记录在《江村销夏录》中、作于此年二月的《沈启南峦容川色图》一并相看，又会体会到沈周的感慨里其实还有一层痛失"水墨吾师"的悲哀。

一年后的秋天，沈周往嘉兴凭吊梅花庵外的吴镇墓。如果仅从凭吊诗文来看，不过是一次普通的寻访。但结合时间线索，其字里行间的物是人非之感，又似乎并非专为吴镇而发。

图 16  吴镇  《草亭诗意图》  克利夫兰美术馆藏

梅花空有塔，千载莫欺人。

草证晋光妙，山遗北苑真。

断碑犹卧雨，古橡未回春。

欲致先生奠，秋塘老白蘋。

——沈周《题梅花和尚之塔》

 

吴镇年少好剑术，后钻研《易经》，曾辗转钱塘一带卖卜为生。相传去世之前，回到魏塘故居的吴镇自选生圹，书碑文曰："梅花和尚之塔。"他晚年虽也好佛参禅，但一向还是以"梅花道人"自称，书画以"梅沙弥"落款的也是极少数，故时人皆不解其意。元末兵乱，名人墓多遭盗掘，唯有吴镇墓因题为"和尚之塔"而逃过一劫，人以其有卜见未来之能。

可纵使吴镇可以凭道家占卜之术逃过盗墓者的魔爪，也无法跳脱百年间的风霜雨雪与人事变迁。生前喜爱梅花的吴镇曾于所住庵外栽梅数百株，这便是梅花庵。到了沈周的时候，庵已不在，当年梅道人手植的满林梅花亦无迹可寻，只剩下一座"梅花和尚之塔"。梅道人的草书得唐代书僧晋光之妙义，山水则得董巨真传。如今残破的断碑横卧雨中，墓旁枯老的橡树尚未回春，唯见池塘里的白蘋花寂寞盛开，沈周折取一株插于坟头，聊作祭奠。

相传梅花庵外有一株高大橡树，枝繁叶茂，蔽日如林，故称"橡林"。如今庵与梅花已不可寻，只有残塔、断碑、枯橡[10]。这或许是沈周题吴镇《草亭诗意图》时，称自己愿"执扫汛"于"橡林下"，而非庵外或花下的原因。

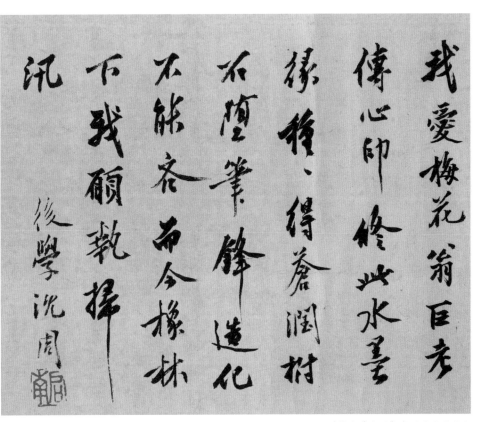

我愛梅花翁巨老，傳心印修此水墨緣，頹穎、得蒼潤樹石墮筆鋒造化，不能奇而令橡林下我顧執揮

後學沈周題

汛

图17 《草亭诗意图》卷后的沈周题跋

我爱梅花翁，巨老传心印。

终此水墨缘，种种得苍润。

拊不堕笔锋，造化不能吝。

而今橡林下，我愿执扫汛。

后学沈周。（图16、图17）


    "我"爱梅花翁，爱他传承巨然之心印，总能得水墨之苍润、造化之神秀，即使在原来梅花庵外的橡树林下为其执帚洒扫，亦心甘情愿。


注释

    1.《沈周集》中仅载此诗，诗名《润色旧临倪云林小景》，未有纪年。文中所引诗与跋见《汪氏珊瑚网名画题跋》卷十三著录。

    2.典故出自《后汉书·孔融传》："（融）与蔡邕素善，邕卒后，有虎贲士貌类于邕，融每酒酣，引与同坐，曰：'虽无老成人，且有典型。'"蔡邕死后，孔融思念故友，酒酣后常引容貌与邕极相似的兵士同坐。此处沈周意为自己只能得倪瓒之形，如虎贲只是与中郎（蔡邕曾为左中郎将）相貌相似而无其神。

    3.《明画录》卷三："赵同鲁，字与哲，长洲人……所作山水，涉笔高妙。沈周尝师事之，每见周仿云林，辄谓落笔太过……沈周，字启南……诗格高朗。工山水，宋元诸家，皆能变化出入，而独于董北苑、巨然、李营丘尤得心印。惟仿倪元镇不似，盖老笔过之也。写生花鸟并佳。"

4.此例极多，如："爱此倪翁小笔奇，淡烟疏墨百年姿。中郎已矣虎贲在，我自低头人不知"（《倪云林画》）；"倪迂标致令人想，步托邯郸转谬迂"（《学云林小景》）。

5.倪瓒诗有"焚香底用添金鸭，落蕊仍宜副枕囊"（《题秋林野兴图》）句。

6.关于认为倪瓒画法从关仝中来，沈周多首诗中皆有论述。如："知迂的是荆关手，聊复从迂写素秋。莫道西山无爽气，我于东野合低头"（《仿倪云林画》）。荆关即五代北方绘画大师荆浩和其传人关仝。

7.对沈周学倪自成一派，李日华在《六研斋笔记》中如此评价："沈石田仿云林小笔，虽树石历落，终带苍劲，而各行其天，绝无规抚之意，所以较之孟端，终胜一筹。"李日华认为沈周学倪是发挥自身的天性，绝非亦步亦趋的模仿，所以比要王绂更胜一筹。

8.此并非出于恭维，沈周题刘珏《仿吴镇夏云欲雨图》有"完庵再世梅花庵，官廉特于山水贪。记撝此帧梅妙品，奉常宝蓄金惟南"之句。而明代张丑《清河书画舫》评价此图，亦称："足称真迹逸品上上。今廷美之为此图也，不特上掩仲圭，足可比肩北苑。"刘、沈是同乡，祖上由彭城（今江苏徐州）迁居长洲（今江苏苏州），又曾任刑部主事、山西按察司佥事，故沈周称其为"彭城佥宪"。

9.沈周是否也曾与会，在他题《清白轩图》的诗文中并没言明。从诗意推之，加上他常常侍奉父亲和伯父参加与刘珏的集会（如早年所作《侍家父世父与刘完庵西庵文会》，有"我来行酒听论文"之句），当日在场的可能性极大。然而由于辈分的关系，尚年幼的沈周只是负责"行酒"兼听长辈们"论文"，没有留下题咏之诗亦合情理。

10. 沈周挚友、亲家史鉴也曾独自访吴镇墓，作《过梅花道人墓》："问津武塘下，揽衣独吟行。徘徊古道旁，累然见孤茔。荆榛窜狐兔，牧竖时来登。橡树半无枝，曲池犹未平。哀哉梅花庵，一仆不复兴。空遗水墨踪，允为后世程……生前绚名教，岂乐浮屠名。将非有深识，季世多兵争。愚人信因果，庶几保其形。同时富豪家，厚葬侔山陵。毁盗殆无余，遗骸纵复横……"

# 第七章
# 昔游曾记

江山作话柄，

相对坐清秋。

如此澄怀地，

西湖忆旧游。

——沈周《江山坐话》

江山作話柄
相對坐清
秋此此澄懷
地西澗憶舊
遊沈周

沈周　《卧游图册》之《江山坐话》

## 杭州的诱惑

　　自南宋以来，民间就流传着"上有天堂，下有苏杭"（范成大《吴郡志》）的谚语。苏州是沈周的故乡，游历之繁自不必说。至于杭州——这个曾在白居易、苏轼治下，明山秀水环拥、梵宫宝刹星列的东南都会，早在沈周年幼时就已令他心驰神往。甚至，在当时尚未到过那里的沈周的概念中[1]，杭州比家乡苏州还要美丽许多。

　　　　碧玉西湖红藕花，酒壶月色剩堪赊。

　　　　苏州不似杭州好，莫怪行人苦忆家。

　　　　　　　　　　　　　　　——沈周《送人归杭州》


　　　　素琴孤剑托高闲，兴在寻幽吊古间。

　　　　东老留君无白酒，西湖归梦有青山。

　　　　城阴古道秋分袂，月下扁舟夜度关。

知是渔矶别来久，海鸥应自候南还。

——沈周《送诸立夫归杭》

往常送人归乡的诗文里，沈周总流露出分别的不舍。但若友人要回的是杭州，他脑海中就自然浮现出那些脍炙人口的风流诗篇，联想到碧玉西湖上的红粉藕花、连绵青山，和载酒泛月、迟迟不还的画舫游船。自感没有可堪比拟的美好作为挽留，只能叹一句"莫怪行人苦忆家"。

除了山水名胜，吴越之地历代的诗人画家也大多汇聚杭州。"梅妻鹤子"的孤山处士林逋，诗文与书画领域的南宋四大家[2]，元代赵孟頫、吴镇、黄公望、王蒙等人，他们都出生或曾经长期生活于斯，创作了与当地密切相关的作品。而在同一时空，钱塘夹城里还居住着一位沈周的"少年笔友"。

越人到处说凝之，南国声华动所思。

每羡好诗如好画，不须相见即相知。

长歌夜雨翻桃叶，短调春风补竹枝。

有约扁舟问奇字，玉罂新酒载青丝。

——沈周《寄古杭刘邦彦》

作此诗时沈周才二十出头，长他一岁的刘英（字邦彦）的诗名就已传遍"三吴两浙"[3]。总是听身边的浙江朋友（或许就是诸立夫）谈起刘英，看到其诗作后果然不凡，以为每读其诗如展好画于目前，不须相见，便已将对方引为知己。他寄出自己的近作，并称来日一定要乘扁舟一叶，载着吴中美酒向其当面请教。然而因为无同游之人等各种原因，这场笔友见面，一直要等到20多年后才得以实现[4]。

大概在成化三年（1467），沈周已与经吴宽介绍认识的吴江隐士史鉴（字明古）成为知交好友，刘珏亦于数年前从山西佥宪任上致仕还乡。一次见面时三人定下了同游杭州的约定，不想因为各自有俗务缠身，拖延到成化七年（1471），三人才认真地制订起旅行计划[5]。在讨论具体行程时，沈周弟弟沈召（字继南）听闻也决定加入。终于在本年的二月初四，沈周与弟弟沈召先同刘珏在苏州阊门外的南濠会合，然后一同乘舟往吴江史鉴家。

似乎是要用诗酒调整旅行的情绪，四人在吴江住了两夜才正式向杭州出发。不过情绪完全酝酿完毕，还是在途经嘉兴时（图1）。

山空鸟自啼，树暗云未散。

当年马上看，今日图中见。完庵诗书画

山光凝暮云，风来忽吹散。

借问在山人，何如出相见。史鉴（图2）

云来溪光合，月出竹影散。

何必到西湖，始与山相见。

图1 刘珏 《临安山色图》 佛瑞尔美术馆藏

刘金宪挈予三人游临安，阻雪于隽李。金宪为继南弟作小景短吟，种种可羡。湖山之胜，恍在目前。尚何待于南游哉！史明古偕予和之，聊遣客怀耳。辛卯二月己酉灯下沈周书。（图3）

春寒料峭时节，一行人舟船过隽李（即槜李，今浙江嘉兴一带）时遭遇风雪。靠岸待晴期间，刘珏拟吴镇笔意作诗画赠予沈召、史鉴、沈周也纷纷题诗画上。细心体会众人的用意：明明刚下过雪，是刘珏说的"树暗云未散"之景，史鉴却已预见了"风来忽吹散"的时刻；沈周称看了《临安山色图》，不用南游，杭

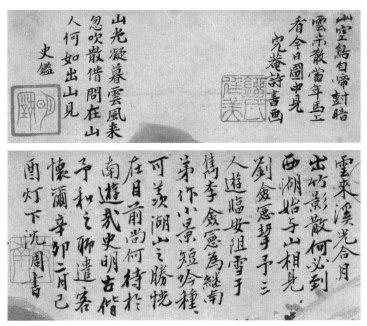

图 2、图 3　众人题《临安山色图》

州的湖山之色就已经"恍在目前",看似是在称赞刘珏的画艺,实际更多是对受画者的抚慰。

　　想来沈召年纪最小,好玩好动之心应较其余三人更甚,突如其来的大雪或多或少令他感到焦急。洞悉沈召情绪的波动,曾经到过杭州的刘珏作诗画相慰,即沈周所谓"聊遣客怀"。虽然安慰幼者或许才是刘珏作画的本意,但品味沈周题语间的激昂之气,这场意料之外的等待并没有浇灭众人南游的热情,反令原本就满怀的期待愈加高涨,四人的感情在寒冷的冬天里融洽升温。

## 梦中情山游遍

嘉兴的大雪仅仅下了一夜,初七一早,众人登船复行,过石门、经临平,又向西南行了近六十里,终于抵达心心念念的杭州城。

杭州的名山都在城西,无水路可通。随行家童们先带着行李前往宝石山上的保叔寺(又名保俶寺)僧舍,一行四人则乘肩舆入城。原本此行的首站是寻访住在城北的刘邦彦[6]。或许是想要给后者一个惊喜,先前未曾约定好时间,到了家门口才发现正好主人不在家,只好留下书帖一封,前往同样住在城北的诸立夫家吃中饭。

酒足饭饱,加上诸立夫一行五人舍舆徒步,漫行至钱塘门,映入目前的是百闻不如一见的西湖(图4)。踏入这神圣的"湖区范围",沈周和史鉴连经过石函桥时也要细细观摩。相传此桥为唐代名相李泌任杭州刺史时所建,桥下设石函为闸。史鉴形容此间水"曲折冲荡有声"[7],倚靠着栏杆听了许久才恋恋不舍地往保叔寺与家童会合。

保叔寺的传上人与史鉴是同乡,当年他决意出家,史鉴曾作诗送行,有"明年不负登临约,应扣禅扉借竹房"之句。如今重逢,传上人果然对众人热情接待,将他们安排住在山腰处背阴向阳的"山景房"。举头从房中向外俯瞰,环湖西、南、北三面群山清晰可辨,清波门、钱塘门、涌金门周围十余里内的景物尽收眼底:

> ……为房皆负阴向明,重叠在山半。顾见群山自天目来……

苏公堤如蛟龙出海，拿云卷雨，横亘湖面。城中官府，居民、军师之署舍，与夫浮屠、老子之宫皆栋宇栉比，檐桷鳞次，气郁郁如雾。东望浙江，如白练曳城下，缭南萦东，连接海气，苍茫无际。不骛远，不穷高，一举目而得其大都焉。传上人出酒饮客，众乐甚。惟启南时倚阑槛，语之不应，饮之不举，穆然若忘，凝然若寂，凝其神与造物者往游而不息也。日欲暮，立夫将辞归，客挽留，同宿修师房，灯下相对如梦，不意此身之真在山水间也。

——史鉴《西村集·记宝石山二》

　　苏州多水少山，杭州则多山多水，从未见过这般群山抱湖的天下壮观，沈周眺望入神，连旁人的呼喊声、劝酒声都听不见，再一次进入了"心与天游"的状态。顾不上吃饭，他独自再上层楼，朝着长洲的方向穷尽千里目[8]。这是他45年来第一次离家如此远啊！

　　是夜，众人谈笑玩乐间不觉天色已晚，本欲归家的诸立夫被挽留与"修师（应与传上人同为保叔寺僧人）"同宿，众人于灯下饮酒坐话，彻夜未眠。不得不佩服这个中老年旅游团的战斗力，因为接下来的九天他们几乎夜夜如此，却总能精力充沛地完成早已拟定的满满行程。

　　翌日一早，见到留帖的刘邦彦到访保叔寺。书信往来多年的笔友终于见面，不由热情地握手问候，不过此番刘邦彦还充当了众人山水向导的角色。当天目的地是西山，经过一番商议，几位本地人以为人们游西山大多早往夕返，根本来不及深入幽胜处，

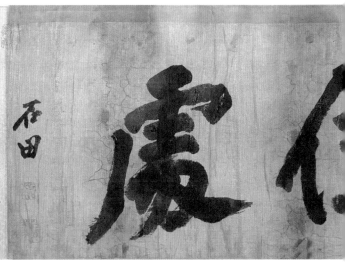

境即圖中圖更捜湖山即證契神
姿六年賓寐殷不謂一句清汾宛
弟斯每惬崇情將妙理寧溯急
管與絲絲秋珍近遠如何荅塔是
雷峯好在時
丁丑二月題於西湖行宮御筆

石田

图 4　南宋　李嵩　《西湖图》　上海博物馆藏

（卷首"湖山佳处"四大字为沈周所题）

图5 沈周 《两江名胜图册》之《鄂王坟》 上海博物馆藏

于是众人决定只带上些许干粮与酒水，轻装前往。

西山风景绝佳，又多古迹，百来步即换一景。智果寺内的"参寥泉"以北宋诗僧参寥之名命名，其中颇有一番来历：相传苏轼守黄州时曾于梦中与参寥赋诗，醒来时只记得一句"寒食清明都过了，石泉槐火一时新"。后来苏轼知杭州，听说参寥所居的智果寺有泉宜茶，泛舟寻访时忽忆旧梦，于是名之曰："参寥泉。"当众人读着泉边石上的碑文，童仆已取来酒水，沈周等人遂"列饮泉上，各赋一诗，觞至则歌以侑之"（史鉴《西村集·记参寥泉、鄂王墓、飞来峰三》，下简称《三》）。

泉上饮罢，众人乘舆继续前行，一晌便至葛岭的贾似道故居。想南宋度宗时，以西湖北面占尽胜景的豪华府邸赐予权臣贾似道，后者在这里修建了容纳姬妾狎客的"半闲堂"，汇聚天下珍玩的"多宝阁"，如今却只剩下一片杂草丛生的"瓦砾场"。反观三里外栖霞岭下的鄂王坟（图5）依旧古柏森森，拜者不绝。

相府豪华无尽时，谁知荣辱自相随。

开元寺里多秋暑，落泪西湖旧竹枝。

——沈周《葛岭贾似道故居》四绝其一

……

只今四尺者高坟，春秋来祭拜太守。

谁云不生生在后，一朝之速千年久。

——沈周《谒岳坟》节选

接连观贾府、岳坟，知富贵易朽，而世间有足传千年者。以刘珏为首，众人纷纷下舆，于岳飞墓前虔诚祭拜。

剩下的半天时间，众人一路游赏，所历之美景奇观不可胜计。洪春桥外夹道的九里苍松，芝岭上的普福寺与飞来峰，夹立峰下的灵山、灵隐二寺，曲畅连贯的龙泓、呼猿二洞，抱峰背流如玉带的冷泉涧，灵隐寺前清新幽静的冷泉亭，无不令一行人心醉。

当冷泉亭间的众人正举杯欲饮，灵隐祥禅师恰好自城中归来，见停放一边的肩舆上所挟的书册，心中一惊，以为必有高人来此，遥向亭中呼喊。他上前加入众人，还未询问姓名，便举杯痛饮。沈周等见此僧豪迈，亦皆"引满不辞，颓然就醉"（《三》）。

> 名亭我宿好，翼翼山佳处。
> 偕游尽知心，况与芳春遇。
> 秀木临虚檐，鸣禽亦来聚。
> 仰观高岑列，俯玩清泉度。
> 席地传野酌，沾醉复谁顾。
> 识乐各有咏，抽思竞新句。
> 怀彼修禊徒，清真颇同致。
> 莫谓今昔遥，大观等朝暮。
>
> ——沈周《冷泉亭谦集》

饮罢刘邦彦因事还家，剩下五人干脆就坐在灵隐寺前的大石上，"融然神释、快然心畅、万虑俱息，直欲身世两忘也"[9]。

若论沈周的"知心人"，刘邦彦、刘珏、史鉴、沈召自属其列，萍水相逢的祥禅师也与其一见如故。想来永和九年兰亭修禊的快乐，也不能过此。

就这么过了不知多久，西日没林外，暝色已昏昏，寒意渐起，露水生衣。祥禅师于是引众人入寺中住宿，又度过了一个欢谈无倦的不眠夜[10]。

## 西湖三度寻

夜宿灵隐之后，沈周一行人继续用一天的时间深入西山，探索了上中下三座天竺寺的清幽秘境（图6），然后转而南游，用数天时间走遍了凤凰岭、灵石山、烟霞洞、石屋洞、虎跑泉、玉岑山、六通寺、南屏山、玉泉寺、紫云洞，遇尽奇峰古木、塑像壁画、名僧高士，终于在二月中旬回到了来杭的起点：保叔寺。

结束了第一阶段群山间往来穿梭的密集行程，第二阶段的旅程安排回归最负盛名的西湖，节奏上则突出一个"慢"字。

钱塘为东南佳丽，而西湖为之最。重山环之，名藩枕之。凡峰峦之连络，城郭之逶迤，台殿亭榭之参错，举凌虚乘空以临其上，天光水色颠倒上下，烟云起灭，其状万殊。而酒榭游舰往来交互，歌吹之声相闻，自春而夏，夏而秋，秋而冬，无日而息也。其盛矣哉！客来钱塘时，侨寓宝石山上，<u>湖之胜尽在几席下，然犹以未即其</u>

图6 沈周 《两江名胜图册》之《天竺峰》 上海博物馆藏

中为恨，故连为三游焉。虽所遇之景不同，而所得之乐无不同也。

　　虽然之前所游群山都环抱西湖，侨居的保叔寺又位于宝石山上，凭栏即可俯瞰湖光山色，但对于这东南第一美景，众人却未曾专程深入造访，领略其"天光水色颠倒上下""烟云起灭，其状万殊""酒桌游舻往来交互"的胜境。于是众人决定选在天气不同的日子，分三次游玩才尽兴。

　　二月十五日，经过几天的休整和应对如蜂般涌至保叔寺的沈周"粉丝"[11]，终由东道主刘邦彦"领队"，带着刘珏、沈周、沈召、史鉴、诸立夫以及中途加入的钱塘沈明德，共七人，开始了第一次西湖之游。这日春光妩媚，湖水明净，映照万象。微绿的垂柳、繁盛的梅花点缀远近，江上多卖花人所乘的小红船驶过，来回送迎的是先知水暖的野鸭。

　　篙师经验丰富，操纵着游船宛转徐行，自东向南，由南到西，经西至北，复还于东。遇到景致佳处，便登岸而游，适兴而返。湖北孤山便是此"晴日环湖行"的重要一站，那里有一代隐士林和靖之墓，以及供奉有白居易、苏东坡和林和靖（名逋）三人肖像的三贤堂。

　　林逋（图7），字君复，杭州钱塘人。少孤，力学，不为章句。性恬淡好古，弗趋荣利，家贫衣食不足，晏如也。初放游江淮间，久之归杭州，结庐西湖之孤山，二十年足不及城市。

图 7　明　杜堇　《林逋步月图》　克利夫兰美术馆藏（杜堇与沈周亦为知交）

力学不仕，恬淡好古，安贫乐道，性喜湖山，这是《宋史》对林逋的描述。中年结束游历后他隐居孤山 20 年，种梅为妻、养鹤为子，常与西湖边的高僧诗友相往还，清名传遍天下。州守年年代表皇帝前来慰问，去世后宋仁宗赐谥号曰"和靖先生"。可即使是这样一位风流人物的坟墓，也没有逃过元代"掘墓狂人"杨琏真迦的魔掌。后墓地虽经修缮，沈周一行至此依然感其地"土冷烟荒"。沈周心中感戚，祭拜完"水边孤坟"，不由得对着眼前的绝美湖山歌唱楚曲，为之招魂[12]。

第一次西湖之行过后五日，风雨交作，寻常人或许会选择闭门不出，对于沈周一行来说却是终于等来了再游西湖、体验其不同风情的绝佳时机。当天，刘邦彦和诸立夫因风雨无法赶来，舟船亦不得出外湖，众人由杭人归生为"导游"，乘画船在断桥内慢速徘徊。从船舱里顾望四面云山，仿佛一幅泼墨山水。四个苏州游客诗兴大发，联成七律一首。

画船载酒入空蒙，四面湖山水墨中。（史鉴）

系缆石留秦旧物，卖花人带宋遗风。（刘珏）

怕寒沙鹭低拳白，受湿汀桃浅破红。（沈周）

未必晴时能胜此，笙歌莫放酒杯空。（沈召）

在这疾风骤雨的日子，一艘载着美酒的画船"误入"湖上的空蒙。秦朝流传下来的系缆石依旧屹立北岸，平日里卖花人乘红船是宋代的遗风。怕冷的白羽沙鹭幽避在浅水，汀岸旁的着雨桃枝花瓣已初绽。晴天西湖的景致与风情，未必就比得上雨天，"我们"只管高声唱歌，大口喝酒，莫让酒杯有片刻空虚，辜负了天公的美意。

这场大雨连下了两日，等到雨止风轻，第三次西湖之行也就水到渠成。这回的画船上，前两次同游之人尽皆在坐，又有歌妓碧玉箫、翡翠屏作陪。

　　时宿雨新止，天宇朗然。日光漏云影中，乍明乍灭，群山净洗，绝无尘土气，空翠如滴，众壑奔流，水色弥漫，湖若加广，草木亦津津然有喜色焉。遥望云气出山腹，如白浪在大海中，汹涌不定。

——史鉴《记西湖八》节选

雨后的天空尚未完全放晴，阳光从云霭中漏下，忽明忽暗。宿雨洗净尘埃，群山青翠欲滴，山间众壑奔流，水色弥漫，湖面也好像变得愈加宽广。草木受到春雨的滋润，似透露着喜色，从船中遥遥望见白云从群山腹中涌出，如大海中起伏的白浪。

回顾沈周等人七天内的三度西湖之行，一晴一雨一新晴，时间和行程上悠闲自在，又能游寻常人之未能游，细细领略了西湖的不同滋味。

## 屋外桃花依旧

用十数天的时间游完群山与西湖，沈周等人已几乎完成了事先的旅行计划。最后四天里，他们往城中游银瓶祠、紫阳庵、三茅观，登凤凰山访宋故宫，至捍海塘观钱江潮，至此杭城之胜几已遍寻。观潮回来的次日，风雨又起，众人感慨自到杭州以来，天公总是作美[13]，已应感到满足，遂共作归计，结束了20天的杭州之行。

沈周一生足迹自局，成化七年（1471）二月的这次旅行是他离家最久、最远的一次。同游者有忘年友，有同辈知交，有亲爱手足，又有远方诗友作陪，所历山水皆为平生所未见，亦深入他人之未能至，留下的是一段美好到完美的回忆。然而回忆越是美好，那种在岁月流逝中变得疏离，无法让时光倒流的痛苦也就越深刻。

回到苏州数月后，沈召得了瘵病，严重到起居不能自理的地步，沈周"与俱卧起者岁余"（文徵明《沈先生行状》）。翌年开春，刘珏亦卧病，很快于二月八日病逝。三月，去年游杭结识的灵隐寺僧祥上人访苏将归，沈周回想起去年春天与诸人在杭州看桃花着雨，不由得感慨旧游如梦：

> 飞花送酒春三月，芳草留人雨一川。
> 烛蜡未销香炷在，旧游如梦话前年。
> 前年记宿老僧房，清梦时时绕上方。

图 9　沈周　《桃花书屋图》
中国国家博物馆藏

龙洞桃花万松里，再游惟恨少刘郎。

——沈周《送祥公归灵隐时刘完庵作古感慨有作》

同年 7 月，卧病岁余的沈召离世，终年仅 40。沈周悲痛欲绝，常在梦中与之相见[14]，家中故物与过去一起生活过的地点都常令他见之思人。这幅《桃花书屋图》（图 9、图 10）本作于成化五年（1469），描画的是与弟弟一起居住了 40 年的祖宅——西庄内的书屋，因其周围植有桃花，故名"桃花书屋"。沈召去世 3 年后，沈周重展此卷，回想往昔岁月，补题时不禁清然。

桃花书屋吾家宅，阿弟同居四十年。

今日看花惟我在，一场春梦泪痕边。

此桃花书屋图也，图在继南亡前两年作。呜呼，亡后又三易寒暑矣，今始补题，不胜感怆。乙未九日。沈周。（图 11）

和大部分时间都停留在苏州的沈周不同，诸立夫一生行迹遍天下，是个典型的"背包客"。虽然家在繁华美丽的杭州，他却好像从来闲不下来，以游览各地山水为志[15]。成化十年（1474）诸立夫来苏，归杭州前沈周为之送行，3 年前那段美好的回忆仿佛就在昨日，只是再也回不去那"一船四客如登仙"的过去。

昔年记买临安船，来与泉石修清缘。

刘郎史伯及吾弟，一船四客如登仙。

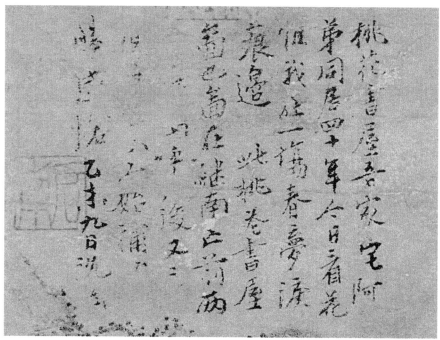

图 10、图 11　《桃花书屋图》（局部及沈周自跋）

诸君作我南道主，湖山笑引肩舆前。

谈诗酌酒夜不辍，吻焦目涩无安眠。

别来人事等云变，旧游一梦惊三年。

刘郎化鹤招不得，吾弟掩玉仍黄泉。

感怀夙夕有零泪，掩卷怕看登临篇。

殷勤对话杂悲喜，买酒取醉愁无钱。

空斋停火照寒鼠，古木矍寺号饥鸢。

明朝何苦又分手，拂衣长路开风烟。

朱颜白发倏忽事，人生离合真堪怜。

——沈周《送诸立夫归钱塘》


    刘邦彦呢，他很像一个杭州版的沈周：很少离开自己的家乡，中年以后在离夹城里祖宅不远的甘泉里竹林的东面，营建了一座别业，"榜其室曰竹东"（程敏政《宝山刘君墓志铭》）或因其附近又多有梧树，故又名"竹梧别墅"。沈周与他依然保持着亲密的笔友关系，常有诗画往来。


一别十年远，故人宜白头。

西湖常有酒，东老自无舟。

跂足石临水，捻须山对楼。

信它诗律好，首首合随州。

——沈周《寄刘邦彦》

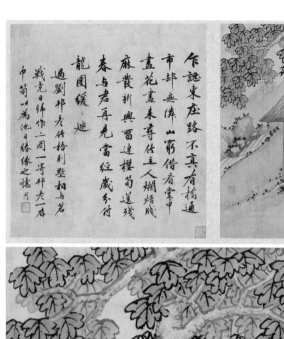

图12、图13 沈周 《摹古册》之《竹梧别墅》

分别的 10 年间，刘邦彦不时邀请沈周赴杭饮酒叙旧。在沈周寄往杭州诗篇的字里行间，他却似乎透露出自己对于再次踏上那片土地，有着某种难言的畏惧：畏惧见故人白头，畏惧不再有昔年穿山涉水的精力，畏惧物是人非，触景生情。

一直要到成化二十一年（1485），沈周才再次、也是最后一次游杭，上次的同行者唯剩史鉴。至杭后，刘邦彦和杭人汝泰与之游。立夏日众人遍行诸山，跟着刘邦彦还其竹东别墅（图 12、图 13），因附近邻里迁移，已不是沈周记忆中的样子了，只有那座通向市井的长桥让他感到熟悉。是夜雨作，四人于灯下饮酒吃茶，直至天明。

乍认东庄路不真，有桥通市却无邻。

山穷借看堂中画，花尽来寻竹主人。

烂漫笺麻发新兴，留连樱笋送残春。

与君再见当经岁，吩咐清觞缓缓巡。

——沈周《立夏日山中遍游后夜宿刘邦彦竹东别墅》

上引之诗收录在《沈周集》中，当为修订后的版本。观《摹古册》所录，字句大多相同，唯"清觞"作"龙团"，另有跋语："过刘邦彦竹梧别墅，相与茗战竟日，归作二图，一寄邦彦，一存中笥，以为他日胜缘之忆。周。"第五章中已说明此画册是沈周为身在北京的好友吴宽所作，二图里存在中笥的那幅必是为吴宽而留。所谓"与君再见当经岁""以为他日胜缘之忆"，在沈周想象中的第三次杭州之行，应当有吴宽加入，三会刘邦彦。可惜这第三次杭州之行,终究只能停留在想象中。

弘治九年(1496)六月,史鉴病逝家中,沈周赴吴江吊哭于小雅堂[16]。次年,也就是沈周为吴宽作《京口送别图》的那年(见第五章第二篇),刘邦彦病逝杭州。"与君再见"已无期,"他日胜缘之忆"亦失可同忆之人。

> 五十年来托故知,只酬两会便长辞。
>
> 湖山好在无人物,风雨空令有涕洟。
>
> 松下骨埋宗长锸,梅边魂和老逋诗。
>
> 瓣香在手身违病,月落斜窗起坐时。
>
> ——沈周《哭刘邦彦》

> 天教行乐住杭州,今日湖船似旧否?
>
> 桃怪刘郎来不得,诗怜杜甫死方休。
>
> 风流山水仍红拂,富贵壶觞到白头。
>
> 最是竹东听雨夜,而今空有梦追游。
>
> ——沈周《再挽刘邦彦》

沈周一生两次游杭,归来后"梦寐未尝不在紫翠间也"[17],所作相关的画作亦不少。第二次离杭后他还往游浙中诸山水,赴富春、天台,所见所闻皆成为他画艺的进修之资[18]。

然而在他回忆里,再没有比两次杭州之行(尤其是第一次)更让他刻骨铭心的旅行了。那里有苏州没有的绝美湖山、身强筋健的青春岁月，以及相思至深、后来只能于梦中相见的同游故人。到了人生的晚年，涂抹其上的遗憾和悲伤又为时光洗净，唯余珍藏于心的江山话柄。

注释

1. 下引两诗皆未编年，然在《石田稿》中都位于杭州之行诸诗前，为沈周早年所作。

2. 诗歌领域的南宋四大家又称中兴四大诗人，分别为尤袤、杨万里、范成大、陆游，都曾于杭州为官；绘画领域的南宋四大家为李唐、刘松年、马远、夏圭，皆供职画院。

3. 程敏政《宝山刘君墓志铭》："君讳英，字邦彦……三传入我朝，始居钱塘北郭之夹城里……其诗精妥流氅，兼备众体，三吴两浙之言诗者，必曰邦彦。"

4. 关于沈周等人未能更早游杭，史鉴在《记临平山一》中叙述其原因，即"盖无名人胜士可依借以行，故徘徊顾望而不即遂者"。从后事来看，这一可以"依皆以行"的"名人胜士"当为曾到过杭州，并于天顺八年（1464）致仕还乡的刘珏。又沈周与史鉴的相识在天顺七年（1463）与成化元年（1465）间（见陈正宏《沈周年谱》中的考证），此前沈周实无可才情相符、性情相合且又多有闲暇的同游之人。

5. 史鉴《记临平山一》："前三四年，乡先生刘佥宪、友人沈启南尝与予订为斯游。因窃自贺，以为平生所待而借者兹遂矣。又各以事縻不果行。成化辛卯岁二月，乃始克践之。先是一月，与启南定行日，其仲继南闻之欲同往，予欣然诺之。"

6.史鉴《记宝石山二》："自临平指西南行，将六十里至杭。山皆在城西，舟不得至其处。命家童持橐自山后先往。客皆肩舆入市，访刘邦彦。他出不遇，投刺而去。入北关门，至洪福桥，饭诸立夫家。相与舍舆，步出钱塘门，度石函桥。"

7.亦见史鉴《记宝石山二》。

8.关于此间经过，沈周作有《杭起至保叔寺》《修公房》二诗："宝石岧峣耸梵宫，古城西畔乱山东。萦萦高叶丹林露，袅袅游丝翠壁风。下界行人映松竹，半空飞鸟拂帘栊。故乡迢递独登塔，烟水长洲一望中。""故人同住竹边楼，眺远登高一月留。城郭西来千嶂合，海门东去大江流。行寻芳草缘山足，坐见飞花点石头。更喜修公知客况，夜灯呼酒杂茶瓯。"

9.史鉴《记参寥泉、鄂王墓、飞来峰三》："冷泉涧如一玉带，抱峰背流，至灵隐寺前，有亭翼然临之，名与泉同……方举酒欲饮亭上，而灵隐祥禅师归自城中。见舆上挟书册，遥呼曰：'客非常人也。'不问名而就饮焉。众皆引满不辞，颓然就醉。邦彦以事不可留，辞归。予五人者皆露坐寺前石上，融然神释，快然心畅，万虑俱息，直欲身世两忘也。久之，日没林影外，暮色苍然，瞑无所见。觉露湿衣上，乃始入祥师面壁轩中。"

10.次日沈周与众人离开灵隐继续游玩，作有《留别灵隐祥公》："湖上风光说灵隐，风光独在冷泉间。松阁夜谈灯火寂，竹床春卧鸟声闲。佛前不作逃禅计，丘壑宜人久未还。僧能占住修何福，我不耽游负此山。"

11. 田汝成《西湖游览志余》载："沈启南常寓西湖宝石峰僧舍，为求画者所窘。刘邦彦嘲之云：'送纸敲门索画频，僧楼无处避红尘。东归要了南游债，须化金仙百亿身。'"

12. 台北故宫博物院藏《宋林逋手札二帖》原为沈周旧藏，沈周题诗中有以下之句："水边孤坟我曾拜，土冷烟荒骨难肉。当时州吏岁劳问，于今祀典谁登录。翁固不能知我悲，聊对湖山歌楚曲。我歌湖山亦不知，惟有春鸠叫深竹。归来把酒吊双缄，犹胜无钱对黄鞠。"

13. 史鉴《记凤凰山、胜果寺、浙江潮十》中记刘邦彦有诗句云："南游半月无风雨。"

14. 沈召逝后，沈周有《梦亡弟觉而述怀》等诗。

15. 成化十七年（1481）沈周作《寄诸立夫》："闻得西村说，君从八桂还。诗当满道路，笔拟得江山。门内竹虽好，堂中人未闲。不应琴剑在，又欲问函关。"

16. 沈周《登小雅堂哭史明古》："筑台高住似神仙，恰好成堂及巳年。歌哭于斯人忽耳，死生无度事茫然。青山底处寻遗史，白云从今付绝弦。此夜独登惟见月，清光依旧石阑前。"又吴宽《隐士史明古墓表》："（鉴）晚岁益务清旷，室无姬侍，筑小雅之堂。"其卒时作"弘治丙辰六月庚子"。

17. 沈周自题《湖山佳趣图》曰："顷年自杭游回，梦寐未尝不在紫翠间也。晴窗笔墨便手，即东涂西抹，与山水传神，成卷即为朋友携去。此卷偶在书笥藏之久矣，今日捡出，漫识如此。

成化乙巳，沈周。"此图现藏于浙江省博物馆。

18. 沈周自题《浙中揽胜图》曰："余比岁览胜浙中，渡富春江，登子陵钓台，观赤城之霞，探金庭之洞，朝岚夕霭，靡所不经，而灵区异域，万壑千峰，目之所穷，意之所到，真有可名状。吁，天地亦广矣！虽欲谱入无声诗中，愧不能具灵心巧腕，乌可得乎！因即其游，或携筇登眺，或泛艇闲观，或郊原村落，适有一树一石可视，尽收拾笔端中，始成稿本。今岁清和，闭关有竹庄，闲暇无事，因忆旧游，乃觅佳纸，一一为之拈出，两阅月而成卷，展之恍若昔遇历历在目。余于两浙名胜平生企慕，迨老始获之，可信境与人间不多设，游于人生不能几遭。因引酒独酌，心与境融，境与图会，洋洋乎欲参造物者游，可谓与神俱化矣……"此图为杭州私人收藏，见朵云轩2004年春拍。

# 第八章
## 世事如云

云来山失色，

云去山依然。

老夫忘得丧，

悠悠挂杖前。

——沈周《仿米家云山》

雲藏山尖色
雲去山依然
野夫忘得喪
悠悠拄杖前
沈周

沈周　《卧游图册》之《仿米家云山》

## 白云的深意

白云来时，青山失色；白云去后，青山复现。常常杖履山行的沈周，如杨慎《满江红》里那个"江渚上"的"白发渔樵"，青山白云就是他惯看的"秋月春风"。于人生的晚年回望前事，才发现世间的是非成败、荣辱得失，都不过是虚无缥缈的一瞬之事。当遮眼的云雾散去，唯有青山长久矗立。

> 江上春晴啼竹鸠，白云狼藉未全收。
> 
> 或教山好忽然去，故要树深终日留。
> 
> 其意不知何物命，老夫还悟此生浮。
> 
> 与君好当论胸次，把笔因之作幻游。
> 
> ——沈周《题春云山色图》

忽然飘来的云朵遮住了原本晴朗的春山，或许是为了让山中之树变得深邃难寻，竟停留终日。白云有何深意？又是谁操纵着它的行迹？"我"无从知晓，却从中悟出了"此生若浮"的道理。这首《题春云山色图》几乎就是《仿米家云山》最好的注解。既然万事自有天意，无须停步也不必求速，只管悠然拄杖前行。

虽然历来的诗人画家习惯以浮云喻世事，但他们却从未在诗画中掩饰对"岭上多白云"[1]的喜爱。北宋画家郭熙在其《林泉高致》里强调绘制四时山水时需要注重的不同景致与氛围，以为"春山烟云连绵人欣欣，夏山嘉木繁阴人坦坦，秋山明净摇落人肃肃，冬山昏霾翳塞人寂寂"。经冬的冰雪消融，地气萌动，要往山中看云，春天是最好的季节。也正是那令人欣欣的连绵烟云，吸引着沈周一再于春天策杖山行。

> 上巳风光属好春，白云流水净无尘。
> 杖藜何事寻忙去，诗在青山却待人。
>
> 最爱溪山好亭子，松声花气入和风。
> 闲行直是供微咏，春满先生杖履中。
>
> 雷雨飞蛟草气腥，流淙百道树冥冥。
> 春山浩渺春云在，何处令人觅幔亭。
>
> ——沈周《题画》三首

没有什么必要的理由，杖履春山只是诗人的乘兴闲行。暂且抛下俗世的烦恼与忧愁，一路追寻流水白云，在和风送入耳鼻的松声和花香中洗净尘心。脑海中构思着关于寻春的清词丽句，殊不知杖履所至即为春。途中一场雷雨突如其来，补给了纵横山间的百道流水，云雾愈加浩渺，树色冥冥难辨，那间熟悉的、四面挂有帐幕的山亭亦无从寻觅了。

春云美好，可惜无法四季常在。为留住那令人欣欣的烟云连绵之景，形之画图是画家的禀赋。而将那悉心描绘的笔下烟云赠予友人，又是一件格外美好的礼物（图2、图3）。

> 十日消闲障子成，看君堂上白云生。
>
> 有人若问谁持赠，万叠千重是我情。

文美赵君，知予老，抱拙静远，以汉鼎为赠，用助萧斋日长，焚沉悦性，其忠多矣。文美读书好古，于书画尤萃意焉。因作春云叠嶂报之，媿莫敌施也。成化新元七夕日，长洲沈周。（图4）

成化元年（1465），还有十天就是七夕佳节，好友赵文美将一方汉鼎送于沈周。他知沈周好古喜静，此鼎可助其"焚香悦性"，以消长日。收到如此厚礼，沈周感愧自己无等同之物可以回赠。知道好友喜爱书画，于是他用十天时间作《春云叠嶂图》一轴作为七夕礼物。他还不忘嘱咐赵文美要将图裱于幛子上，这样于家中就可坐看白云生；而当来到家中的客人问起画图的作者时，他们都会知道那万叠千重的白云正是"我"对你的情意啊。

将价值连城的汉鼎送给老友焚香，赵文美待朋友可称慷慨。或许"于书画尤萃意"的他实际内心期冀沈周能作图回馈，但即

十月清閒諱于成齋君堂上
白雲生有人笑閒雖持贈万
疊千章是我情
欠美趙君知平老拖枝耕
遠以漢鼎為贈月助蕭
齋日長焚泥悅性其忠
多矣欠美讀書好活干
書盡尤芊意写因作春
雲疊嶂圖報之媿莫献施
也成化新元乙夕日
長洲沈周

图 2　沈周　《春云叠嶂图》　故宫博物院藏

图3 《春云叠嶂图》（局部）

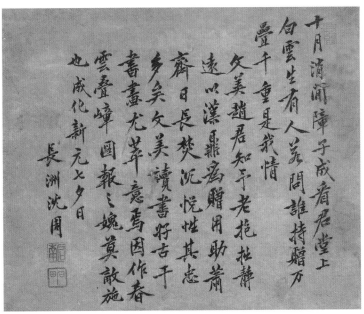

图4 《春云叠嶂图》沈周自跋

使如此，亦不失古君子之风。数年后，杭州人葛惟善托人以宋代的潘古墨、铜雀砚寄与沈周，目的就是请沈周作一首《虎跑泉诗》。

惭愧高怀记项斯，开缄空感十年私。

墨亡潘谷烟澌外，砚破铜台瓦裂时。

马德未忘千里惠，虎泉终补一篇诗。

何当握手吴门笑，共赴浮沉与不知。

——沈周《葛惟善托人求虎跑泉诗附赠潘古墨铜雀砚墨既不至砚亦云碎因谢此》


葛惟善之名出现在《沈周集》中仅此一次，由其托人求诗一事来看，与沈周并非旧交。他来信说十年来仰慕沈周为人，与之神交久矣，逢人便说其诗画之妙[2]。此番他以名贵的潘谷墨、铜雀砚托人相送，不想途中墨块亡佚，砚台也被摔碎。沈周得知后仍以诗篇相赠，并与之相约见面。

宝物流传百年，却于一朝毁损，命运的沉浮无人可以预料。期待着握手吴门的那天，此间插曲便可付异日之一笑。


# 再造《富春山居》

当樊舜举将带来的画卷于书案上缓缓铺开，62 岁的沈周才真的相信这辈子竟还有机会再次见到令这幅他魂牵梦萦的神作。

元代黄公望的《富春山居图》本为相城沈氏旧藏。多年前，沈周请当地一前辈名流为其作跋，不想前辈之子见宝起意，将画据为己有。为保全那位前辈的晚节，沈周并未点出霸画者的名字，也未言明此事完整的始末。或许他曾想尽办法拿回此画，结局却是不了了之。

自失画以来，多年间沈周只能于梦寐中与之相见。天道有轮回，到了成化二十三年（1487）秋，当年那个贪没神作的前辈之子已败尽家业，欲高价出售《富春山居图》。听闻消息的沈周有心购回，却因囊中羞涩无力为之。想到心爱之作不知将要落入何人之手，今生恐难再见，沈周按照记忆摹写出一卷仿作（图5），聊解相思之苦。

> 大痴翁此段山水殆天造地设，平生不见多作，作辍凡三年始成，笔迹墨华当与巨然乱真，其自识亦甚惜。此卷尝为余所藏，因请题于人遂为其子干没，其子后不能有，出以售人，余贫又不能为直以复之，徒系于思耳！即其思之不忘，乃以意貌之，物远失真，临纸惘然。成化丁未中秋日，长洲沈周识。

——沈周题《仿黄公望富春山居图》

黄氏之作流传下来的本就不多，《富春山居图》则是"天造地设"的得意之笔。沈周"思之不忘，乃以意貌之"，谦虚地说"物远失真，临纸惘然"，表示自己关于原作的记忆已经模糊，所画失真。但如果我们将两卷放在一起对比（图6），会发现其

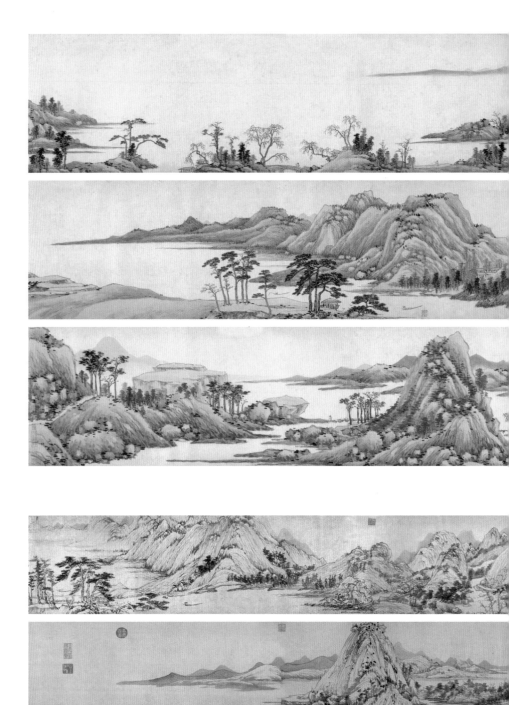

图 5　沈周　《仿黄公望富春山居图》　故宫博物院藏

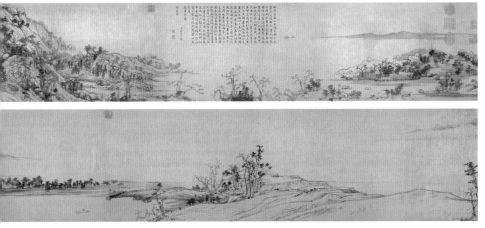

图 6　元　黄公望　《富春山居图》之《无用师卷》　台北故宫博物院藏

实沈周早已将黄公望的一笔一画刻在脑海：无论是构图布景的次序、亭台错落的位置、山石河岸的起伏，甚至树干弯曲的程度，几乎一脉相承。

沈周所作的又并非单纯的复刻。所谓"物远失真"，除了有记忆的偏差，两幅作品的差异更多是沈周"以意貌之"造成的，是其自身天性的发挥。首先，沈周简化了画面中不少繁芜之处。诸如水面阴影、河畔礁石等许多细碎的元素被尽可能地放弃，连"亭中观鹅"一景中鹅的数量也从 15 只减到了 3 只（图 7—图 10）——这绝非由记忆的误差导致，而是在有意追求一种澄净幽远的意境。

其次，沈周展现了他一贯对画面层次丰富度的要求。那被拉长的河岸线让画面情绪更为舒缓，频繁出现的天青色的远山强化了视线的层叠感；更多的林屋与山亭为原本有些许荒冷的画面注入生机，山路、短桥上新添的杖履者成为不同景致间的衔接；原作中仅于画面近二分之一处的一河两岸间画有若有若无的山岚，沈作则加重了云霭从主峰背部游出的暗示，并弥漫开来，以处理突然出现数座山峰交错相邻的情形（图 11—图 16）。

《富春山居图》在明末遭火劫，前段数尺已成灰烬，剩余部分为《剩山图》（图 17）和《无用师卷》。借由沈周的仿作，我们得以想象《富春山居图》完整的模样：《无用师卷》右侧与《剩山图》左侧相隔无多，而在《剩山图》之右应为现有山体的延续——但未必就是沈作中以小桥和山路相接通往画外的样子（图 18），就像卷尾沈周自出机杼的处理一样（图 19）。

图7—图16 《仿黄公望富春山居图》与《无用师卷》局部对比

黄公望画《富春山居图》，自称"兴之所至，不觉亹亹布置如许，逐旋填札，阅三四载，未得完备"，并非思虑精熟然后徐徐展开之作，所以在细节处理上存在前后笔墨的差异，部分构图布景也未显得连贯。沈周的仿作乃多年相忆苦思、着意下笔而成，无怪乎连同样以黄公望为宗的董其昌也认为达到了超越前贤的程度。

大痴《富春大岭图》旧为余所藏，今复见白石翁背临长卷，冰寒于水，信可方驾古人而又过之。不如是，安免重伲之诮。丙寅九月望观于惠山。其昌。（图20）

弘治元年（1488）立夏，《富春山居图》终于等到了它的新主人——苏州节度推官樊舜举。樊舜举素爱黄公望，又仰慕沈周的才学与为人，重金购得后便将之送与沈周一观，亦慰其相思之苦。时隔多年重展神作，沈周不由得感慨万千：

大痴黄翁，在胜国时，以山水驰声东南，其博学惜为画所掩。所至三教之人，杂然问难，翁论辩其间，风神疏逸，口如悬河。今观其画，亦可想其标致。墨法笔法，深得董巨之妙。此卷全在巨然风韵中来。后尚有一时名辈题跋，岁久脱去，独此画无恙，岂翁在仙之灵而有所护持耶？旧在余所，既失之，今节推樊公重购而得，又岂翁择人而阴授之耶？节推莅吾苏，文章政事，著为名流，雅好翁笔，特因其人品可尚。不然，时岂无涂朱抹绿者？其水墨淡淡，

图 17　黄公望　《富春山居图》之《剩山图》

图 18　沈周　《仿黄公望富春山居图》卷首部分

图 19　《仿黄公望富春山居图》与《无用师卷》的结尾对比

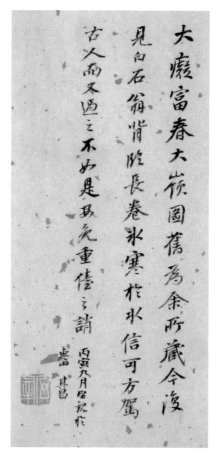

图 20　董其昌题沈周《仿黄公望富春山居图》

安足致节推之重如此。初翁之画，亦未必期后世之识，后世自不无
扬子云也。噫！以画名家者，亦须看人品何如耳。人品高。则画亦高，
古人论书法亦然。弘治新元立夏，长洲后学沈周题。（图 21）

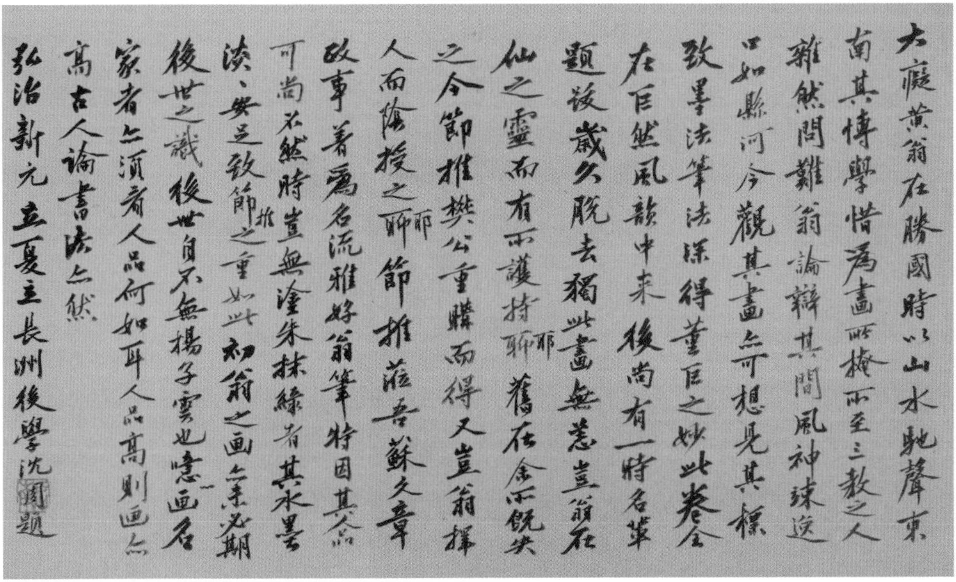

大癡黃翁在勝國時以山水馳聲東南其博學惜為畫所掩而至三教之人雜然問難翁論辯其間風神璅逸口如縣河今觀其畫亦可想見其標致墨法筆法深得董巨之妙此卷尤見其精彩在巨然風韻中來後尚有一時名筆題跋歲久脫去獨此畫無恙豈翁在仙之靈而有所護持耶卷因兵之今節推樊公重購而得又豈翁擇人而陰授之師耶節推莊吾蘇久故事蓋為名流雅好翁筆特因其人而隆授之師耶可尚也然時宣無塗朱抹綠有其水墨淡安是致節之重此卷初翁之畫一落人間後世之識後者人品何如耳人品高則畫品高古人論書法亦然

弘治新元立夏主長洲後學沈周題

图 21　沈周题黄公望《富春山居图》

　　沈周评价樊舜举"文章政事，著为名流"，在设色山水受到时人追捧的时代，他依然"雅好翁笔"。至于对画品与人品的关系的感慨，则更多是沈周为此画失而复见之经过而发。世间宝物如烟云过眼，任谁都无法永远拥有，于人生晚年得见昔日珍藏觅得一理想归宿，已足慰老怀。


千载姑苏台（上）


　　成化二年（1466），40岁的沈周已名传吴中。一日，他与刘珏、杜琼两位师友前辈以同样的 10 个题目分别作诗和画，作为恭贺徐有贞六十生辰的礼物³。

那是徐有贞被赐予武功伯爵位的第九年。按明律，文臣若无军功不得封爵，拥戴明英宗复辟有功的徐有贞却是大明历史上爵位最高的内阁首辅。那也是徐有贞被构陷而流徙云南金齿，释归后的第六年。还乡后的他"仰观天象，谓将星在吴"（《明史·徐有贞传》），时时操练铁鞭以待复用，不想很快就传来了同乡韩雍出征两广有功的消息，自此徐有贞彻底熄了用世之心，遂放浪山水间。

如今藏于上海博物馆的杜琼、沈周、刘珏《山水合卷》保存有画幅五帧（图 22），分别为《脱屣名区（杜）》《芳园独乐（沈）》《颐养天和（刘）》《放歌林屋（刘）》和《心游物表（刘）》。翻检《沈周集》有《寿武功伯徐先生十首》，其中五首诗题相同。这些诗篇虽然题目不同⁴，内容却大同小异，皆为表现徐有贞还乡后的闲居之乐与林下风流。这里举涉及具体生活细节的三首为例，稍作解读：

> 公府人材第一流，解章归作五湖游。
>
> 久知宦海无鲈脍，宁为恩波阻钓舟。
>
> 名在尚嫌弘景相，功成不恋子房侯。
>
> 角巾无事春风里，笑倚南山算酒筹。
>
> ——沈周《脱屣名区》

> 买地还销旧赐金，春园五亩树沉沉。

寻常种药除青草，独自鸣琴就绿荫。

取月用风无尽藏，傍花随柳足闲心。

此中成趣谁能识，高咏尧夫首尾吟。

——沈周《芳园独乐》

江南归隐对寒梅，注易犹施万变才。

月下衍临疏影到，雪中推复素花开。

草玄给事何堪拟，训故将军不再来。

尘静碧窗人默默，不知生意满灵台。

——沈周《梅窗注易》

　　第一首诗沈周称赞徐有贞身负大才，早有悠游林下之心，只因深得皇恩宠眷才一再拖延归期，如今功成身退，闲居度日其乐无穷。所谓"脱屣名区"便是离开庙堂，得以纵情山水名胜间之意。第二首诗写的是还苏后的徐有贞用天子往日所赐金银买地洞庭西山，为养老之所[5]。在那里，他除草种药、弹琴赏花、对月吟诗，自得其乐，是为"芳园独乐"。

　　第三首《梅窗注易》讲述徐有贞是个全才（按《明史·徐有贞传》："多智数，喜功名。凡天官、地理、兵法、水利、阴阳方术之书，无不谙究"），归隐后这些才能无处施展，却依然可以凭一手过人的训诂功夫注《易》，专注到连窗外梅花开了都没有察觉。当初徐有贞流放至金齿，"辟一室，日惟玩《易》而已"（吴宽《天全先生徐公行状》，下称《行状》）。从"玩"到"注"，

杜琼 绘

沈周 绘

刘钰 绘

刘钰 绘

刘钰 绘

图22 明 杜琼、沈周、刘珏 《山水合卷》 上海博物馆藏

亦可见其心境的变化——将《易》作为苦闷中的消遣转为一项可以投入余生的"志业"。沈周的祝寿诗中固多赞美之词，倒也并没有太过夸张之处。明代吴中名臣辈出，但论文武全才、官职爵位，都没有超过徐有贞的。

徐有贞原名珵，13 岁已能作古文词，27 岁中进士入翰林院为庶吉士，后来宣宗亲试新选的 28 名庶吉士，他高居第一，即日擢为翰林编修，前途本不可限量。然土木堡之变后，迷信观星占卜之术的他提议南迁，遭到于谦、王文等人的强烈反对。于谦拥立郕王为监国（后来的景泰帝），取得了北京保卫战的胜利。

自此之后，徐珵在朝中似乎再也没法抬起头来。不甘心于此的他改名有贞，于景泰初年毛遂自荐前往山东治理已连续 7 年决口的黄河沙湾河段。面对这场特大洪水，他亲至洪区勘察，力排众议，"上法大禹，下取仲章而为之"[6]，以开支河取代塞河之策。大功告成后，景泰帝亲于奉天门嘉奖慰劳，拜其为左副都御史。

景泰八年（1457）正月，景帝病重，武清侯石亨、都督张轨、宦官曹吉祥有意迎英宗复辟，建立不世之功。他们找到富有谋略的徐有贞商议。当复辟的军队开进皇城，也正是徐有贞的镇定果决，稳住了惶恐不安的队友们，并由他向蒙在鼓里的群臣宣告了英宗复位的消息。

即日命有贞兼学士，入内阁，参预机务。明日加兵部尚书……封武功伯兼华盖殿大学士，掌文渊阁事，赐号"奉天翊卫推诚宣力守正文臣"，禄千一百石，世锦衣指挥使，给诰券。

——《明史·徐有贞传》

经此一役，徐有贞位极人臣。他深得英宗信任，凡事皆"倾心委任"。但与小人共事，无异于与虎谋皮。徐有贞有意除去奸猾贪诈的石亨、曹吉祥，正好二人因侵占民田为御史弹劾，以为有贞是幕后主使，"日夜谋构有贞"。小人或百无一用于时务，阴谋陷害却无往不利。数月后，徐有贞被构陷下御史狱。眼看难逃一死，一夜，宫殿外"雷雹交作，大风折木"的天降异象让英宗改变了主意，将其贬为广州参政（《明史·徐有贞传》）。

阴险的石、曹二人仍不死心，欲杀之而后快，遂诬陷有贞怨恨圣上，于途中将其抓回落入诏狱。结果又赶上承天门为雷火焚毁，皇帝大赦天下，徐有贞才被贬为庶民，流徙金齿。三年后，英宗念及旧情，"特诏户部俾公还其家"。回到苏州的徐有贞闭门不出，等到石、曹二人因谋叛被诛，他才"出买田筑室，为终身之计"（《行状》）。


千载姑苏台（下）


自被构陷以来，徐有贞几番有性命之危，全靠上天与英宗保全，虽不复起用，终无大祸，故自号"天全翁"。一场权势与名利的大梦终于彻底化为云烟。

徐有贞是沈周少年时就极为敬重的长辈，亦因诗文性情相契成忘年交[7]（图23）。其被放逐金齿、特诏还家，沈周都有诗相赠[8]，或安慰或欣喜，情意不可谓不真切。回乡后的徐有贞遍游家乡的明山秀水，常与同游者唯祝颢、刘珏、沈周、魏昌数人而已。其诗文慷慨、草书入神，风流儒雅为一时之冠。即使到了明末清初，

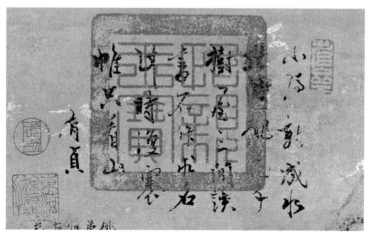

图 23　徐有贞题沈周《桃花书屋图》

文坛盟主钱谦益亦称其为"吴下风流领袖"。

> ……晚遭屏废，放情弦管泉石之间。好作长短句，以抒写其抑塞激昂感慨，有辛稼轩、刘改之之风。草书奇逸，自负入神，登山临水，酾酒悲歌，笔墨淋漓，流传纸贵。至今吴下推风流儒雅，亦必以武功为领袖云。
>
> ——钱谦益《列朝诗集小传》

徐有贞登山临水，酣饮之下必有所作。他将平生"有所感欢不平之意悉于词发之"（吴宽《跋天全翁词翰后》），蕴含一种慷慨激昂、沉郁悲壮的豪杰气象。回望这一生大起大落，有御试第一的早年得意、治水的不世之功，也有首倡南迁的迷信笑柄和诛杀于谦的千古恶名——虽然他曾不止一次地表示此实为石、曹的嫁祸[9]，但无论孰是孰非，功名富贵与成败荣辱都如一场烟云，被风吹散后，方知眼前的家乡青山才是真切长久的存在。

　　佳丽地是吾乡，看西山、更比东山好。有鼋画楼台，金碧岩扉，仿佛十洲三岛。却也有，风流安石，清真逸少。向西施洞口，望湖亭畔，对云影天光，上下相涵相照。似宝镜里，翠蛾妆晓。

　　且登临，且谈笑。眼前事，几多堪吊。香径踪消，屧廊声杳，麋鹿还游未了。也莫管、吴越兴亡，为它烦恼。是非颠倒，古与今、一般难料。叹宦海风波，几人归早，得在家中老。遇酒美花新，歌清舞妙，尽开怀抱。又何须较短量长，此生心，应自有天知道。醉呼童、更进余杯，便拼得，到三更，乘月回仙棹。

　　右同侗轩大参、完庵金宪诸老同游灵岩，词填水龙吟。书似石田亲家，天全。（图 24）

　　苏州自古佳丽地，洞庭东西二山尤称名胜。登上灵岩山姑苏台向下俯瞰（图 25），家乡山水尽收眼底，觉西山似比东山更好。这里有色彩明艳的亭台楼阁，如金碧山水的山岩石穴，仿佛传说中仙人居住的十洲三岛[10]，风流安石（谢安）、清真逸少（王羲之）都曾在此留下足迹。看那西施洞口、望湖亭畔天光云影倒映水中，如宝镜里晓起梳妆的佳人。

　　"我们"登临至此，谈笑甚欢，可知眼前有多少足堪凭吊的兴衰往事。脚下的姑苏台原为吴王阖闾所建，阖闾之子夫差不听

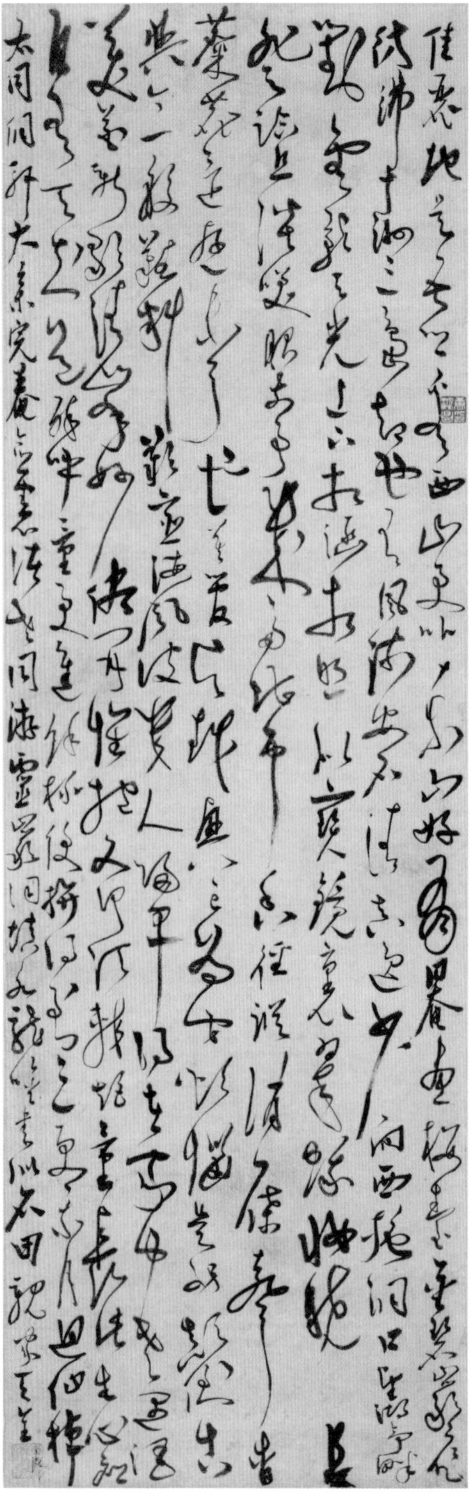

图 24　明　徐有贞　《水龙吟》
近墨堂书法研究基金会藏

图25　沈周　《杖藜远眺》　堪萨斯纳尔逊美术馆藏
（此帧中景物与沈周另一册《吴门十二景》之《姑苏台》一帧极相似，疑同为姑苏台上景，后者现藏广州艺术博物院）

伍子胥的劝告，又建造了通往姑苏台的九曲路、响屧廊、香水溪，以及台上日夜笙歌的春宵宫，可惜一旦为越国所灭，尽化为麋鹿游嬉之地。吴越兴亡固然堪哀，"我们"倒也不必为它烦恼。是非颠倒，沉浮难料，千年前与今日都是如此。真正可叹的是：宦海风波险恶，多少人前仆后继，几人能及时抽身，得在家中安度晚年？到了那时，遇美酒新花、轻歌曼舞，尽管放开怀抱享受便是。是非兴亡都只任人评说，何必较短量长，本心自有天知道。想到这里，纵然已大醉，仍呼童子进余杯，要一直喝到三更，再趁月色，归棹洞庭。

　　登山临水，凭栏远眺，总是令人生古今沧桑、此身渺小之感，何况脚下是千百年来文人墨客不断歌咏凭吊的姑苏台。只是李白、刘禹锡诗里[11]歌咏凭吊的吴越兴亡已无法让徐有贞烦恼：当他阅尽沧桑归来，终于看破，一个人即使再有才能抱负，在宏大的历史进程面前能做的何其有限。相比一两个王朝的更替，此刻真正能让他感同身受的，是吴越两国宰相伍子胥和范蠡的经历。伍子胥曾与吴王君臣一心，屡劝其除去勾践无果，后竟因小人谗言而被赐死。功名事业迷眼，即使贤如伍子胥，亦未能急流勇退得以善终。如今徐有贞登山临水大醉之后犹能泛舟"乘月回仙棹"，体会范蠡携西施泛舟五湖（即太湖）而去的快乐，上天到底待他不薄。

　　从落款来看，这次灵岩之游沈周没有参与，同行者为祝颢（号

侗轩）、刘珏"诸老"。考《沈周集》有《天全公书约登山不果寄此兼柬祝侗轩刘完庵钱未斋避庵昆玉》一诗，中有"长廊栗叶尧峰寺，清酌蘋花范老祠"之句。按姑苏台在灵岩尧峰山，范公祠在天平山（图26），或那日为重阳佳节（有"已负登高又一时""恐它黄菊笑来迟"句），徐有贞与众人相约共登灵岩、天平诸山，而沈周因事未至，以为憾事。

因沈周之子云鸿娶有贞孙女徐氏在成化三年（1467），徐有贞登灵岩山写下的这首《水龙吟》应作于此年之后。徐有贞视其为平生得意之作，多次草书之，并寄一纸与未能亲临其境的沈周。成化八年（1472），徐有贞病逝家中，享年66岁。

沈周亦极爱这首《水龙吟》。徐有贞逝后，沈周"每登山临水，辄歌此词，若见先生于乘风御气之间。招之不得，涕泪随之。"[12]成化十八年（1482）的一天，魏昌持徐有贞往日所书《水龙吟》

图26　沈周　《天平山图》　上海博物馆藏

副本来求沈周补图。临纸感慨，沈周亦作一首《水龙吟》为和。只不过细品词中所寄，又并非仅是"怀贤之思"而已。

富贵梦勘成空，见何人、保得终身好。趁名遂功成，力健筋强，别却凤州麟岛。不肯做，潦倒三孤，龙钟三少。拴条玉带，拖双芒履，尽办得风流，又是桑榆斜照。比及要眠，早惊天晓。

鸟无声，花无笑。旧游地，岂堪来吊。黄鹤难招，白云俱杳，多少闲缘未了。迫把酒、重唱遗词，水冤山恼。子期堪铸，也煞将、黄金为料。固视死如归，未应能早，想厌凡间老。去观化冥虚，归真冲妙，无形相抱。在天上御气乘风，憺逍遥、端得至人之道。只除他、千载思乡，或者在，洞庭湖，月下逢仙棹。

当富贵之梦成空，回首前尘才惊觉有几人能保得终身好？趁"名遂功成，力健筋强"，宁早早离开荣华富贵之都，也不做那"潦倒三孤（少师、少傅、少保），龙钟三少（同三孤）"。毕竟到了那时，纵使再风流，人却迟暮，好像刚刚准备睡觉而天已将晓。

家乡的山水，"我"曾陪天全翁游遍，走到哪都是旧地重游。感戚之下，鸟鸣入耳无声，花开入眼无笑。白云杳杳，无处寻觅已乘黄鹤仙去的故人，留下了多少未及履行的闲游之约。等到把酒重唱那首《水龙吟》遗词，回忆随气血上涌，更觉眼前的山水都令人烦恼。只是即便"我"的知己仍活着，也并非黄金所铸的不死之身。要看透生死，诚然非年轻时就能做到的事，想来要等到老了才会厌倦这凡间吧。天全翁已观化归真，在天上御气乘风，安然逍遥得道家至人"无我之道"[13]，凡俗的"我"又如何能与无形之身相抱？或许只有等他乡愁起时，在洞庭湖，月下逢仙棹。

如果说在第二章里，我们还无法完全明白沈周从"我愁无闻"到甘心隐遁的内心转变，这两首《水龙吟》似乎就是最好的答案。浮云聚散无因，唯有青山常在。美丽的白石埋没其中，未尝不是理想的归宿。

注释

1.陶弘景的《诏问山中何所有赋诗以答》："山中何所有，岭上多白云。只可自怡悦，不堪持赠君。"

2.唐时江东才子项斯籍籍无名，杨敬之赠以诗云："几度见君诗总好，及观标格过于诗。平生不解藏人善，到处逢人说项斯。"

3.见陈正宏《沈周年谱》"成化二年"条的考证。

4.另五篇诗题分别为：《濯足洞庭》《绿野清游》《草阁集方》《梅窗注易》《逍遥寿域》，想来当初也应有图。《完庵集》中载有八首，少《颐养天和》与《梅窗注易》。

5.吴宽《天全先生徐公行状》："既还，杜门却扫，虽亲邻罕见其面。后曹、石相继败死，公始出买田筑室，为终身之计。恒念累被诬陷，荷上恩保全之得无大祸，故自号'天全翁'，志不忘也。"

6.徐有贞《治水功成题名记》："自禹而下，世之治者非一，然可法者少而可戒者多也……惟景（王景，字仲章）之堰流分水，颇得古法，而孝明之治有惠于民，故能保其成功而终汉世无河患。方之于彼，其特善乎？有贞虽不敏也，乃所愿则。上法大禹，下取仲章而为之。"按徐有贞治水，所志颇大，在久效不近功。又《明史·徐有贞传》："督漕都御史王竑以漕渠淤浅滞运艘，请急塞决口。帝敕有贞如竑议。有贞守便宜，言：'临清河浅，旧矣，非因决口未塞也。漕臣但知塞决口为急，不知秋冬虽塞，来春必复决，徒劳无益。臣不敢邀近功。'诏从其言。"

7. 徐有贞长沈周20岁，未知初识于何时。陈正宏先生《沈周年谱》"天顺元年"条以为沈周之父沈恒任粮长时与长洲丞邵昕交厚，后者与有贞为故交，而邵昕任期内有贞方丁父忧居乡，则沈周或于此时经邵昕与有贞相识。按沈氏一族盛名吴中（陈顼《同斋沈君墓志铭》："三吴间一时论盛族，咸推相城沈氏为之最"），沈恒、沈贞与有贞想必已有往来。

8. 天顺元年（1457）徐有贞徙金齿，沈周作《送徐武功南迁》："落日西风万里舟，布衣凉冷独惊秋。楼台细雨飞玄鸟，江汉闲云卧白鸥。天上虚名知北斗，人间往事付东流。金縢莫道无人启，休把羁愁赋远游。"四年后又作《喜徐武功伯召归》："万里南云远，三年归路通。江山无逐迹，天地有春风。往事金縢里，伤心玉璞中。九重他夕梦，难忘渭川翁。"

9. 明陈建辑《皇明从信录》："先是于谦等下狱，徐有贞犹豫，张轨言曰：'不杀谦等，今日无名。'狱遂决。"明焦竑《国朝献征录》："吴文定未遇时，受知于武功……至辛卯冬，文定北上，武功具饯之，备述夺门始末，且恚叹曰：'石亨辈致死于、王，乃嫁罪老夫耶？'今世有良史，徐元玉岂终受诬乎？寔深有望于文定。明年文定果及第入史馆，然竟无由公伸辨也。余闻故老云：英庙持于王、狱辞未下，石亨偕张轨面奏曰：'陛下不杀谦等，今日之事何名？'上意遂决。忌嫉之徒乃谓出自公口，冤哉。初犹有知其诬者。及少保子冕求程篁墩序《旌功录》，以实谤言，天下信之矣。"则在当时，关于是谁主张杀于谦犹多有争议，自程敏政序《旌功录》后，天下才皆信为有贞。

10.皆为传说中神仙居所。汉东方朔《与友人书》有"脱去十洲三岛，相期拾瑶草，吞日月之精华，共轻举耳"之句。汉末魏晋间，方士托东方朔之名作《海内十洲三岛记》，记录神洲仙岛之方位、幅员、物产与异闻，后为《隋书·经籍志》《道藏》《云笈七签》等收录。

11.李白《苏台览古》："旧苑荒台杨柳新，菱歌清唱不胜春。只今惟有西江月，曾照吴王宫里人。"刘禹锡《姑苏台》："故国荒台在，前临震泽波。绮罗随世尽，麋鹿古时多。筑用金锤力，摧因石鼠窠。昔年雕辇路，唯有采樵歌。"《姑苏志》中亦收录沈周《姑苏台》："姑胥遗业有荒台，今日登临尚可哀。千载苞桑天子弃，六宫芳草美人栽。南飞鸿雁秋风早，西向山川夕照开。流水梧桐几番梦，独怜孙圣不重来。"

12.沈周此词前有序云："前《水龙吟》词一阕，盖天全先生游灵岩而作。先生自谓超妙，尝书示周一纸，此作其副本也，今归魏耻斋所。先生观化已十年，予每登山临水，辄歌此词，若见先生于乘风御气之间。招之不得，涕泪随之。先生亦必知周于冥冥中也。耻斋求予文绫生色小景，补为引首，连装成卷。因妄赓其韵，以寄怀贤之思。"

13.《庄子·逍遥游》："若夫乘天地之正，而御六气之辩，以游无穷者,彼且恶乎待哉? 故曰: 至人无己,神人无功,圣人无名。"

# 终 章
## 春风属后生

茸茸毛色半含黄，

何独啾啾去母傍。

白日千年万年事，

待渠催晓日应长。

————沈周《雏鸡》

茸、毛色半金黄何
獨啾、苦娛傍白日
千年萬年事待
渠催曉日應長沈周

沈周　《卧游图册》之《雏鸡》

8章32篇写罢，《卧游图册》已历15/17，为沈周记忆抽帧的工作可以说基本完成。剩下的《秋柳鸣蝉》《雏鸡》二帧之所以未能独立成篇，而被安排在最后出现，是因为不同于回望过去，它们的视角其实是朝前的，投向了当下和更远的未来。

　　在中国古典文学的语境里，蝉一直都是品性高洁的象征，成为诗人托物言志的对象。其中最有代表性的要数唐代两位大诗人的《蝉》：


　　　　　　垂緌饮清露，流响出疏桐。

　　　　　　居高声自远，非是借秋风。

　　　　　　　　　　　　　　　　——虞世南《蝉》


　　　　　　本以高难饱，徒劳恨费声。

　　　　　　五更疏欲断，一树碧无情。

薄宦梗犹泛，故园芜已平。

烦君最相警，我亦举家清。

——李商隐《蝉》

第一首说蝉无须借助秋风，身居高处自然鸣声悠远。虞世南曾仕于陈、隋，又被挟至窦建德处授以伪职，入唐后受到太宗重用，身边自然少不了嫉妒者的流言蜚语，这栖高饮露的蝉正是他的自比。第二首里李商隐表面在说蝉栖高饮露难以饱腹，鸣叫诉说不平亦无人倾听，实是要烘托出为了飘零异乡、举家清贫的自己。了解了咏蝉诗的传统，再来看沈周的作品（图1），便会有更深的理解。

秋已及一月，残声绕细枝。

因声追尔质，郑重未忘诗。

——沈周《秋柳鸣蝉》

如雷的蝉鸣是盛夏的象征，随着夏日时光的流逝，那份曾经热烈的激情也随之势减。等到"秋已及一月"，只剩下"残声绕细枝"。在第一章里我们已见过沈周将人至老年作进入人生之秋的比喻，显然后来的沈周比作《秋轩记》时要更老了，犹如深秋里仅存残声的"老蝉"。

虽然对年龄有清醒的认识，但诗人并未流露出任何明显的焦虑，因为他说自己依然有为孱弱之蝉声歌咏的兴致和诗情。这是

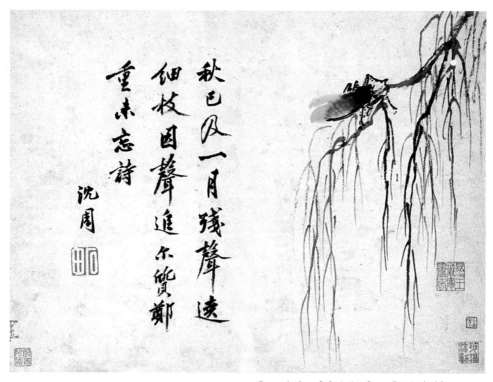

图 1　沈周　《卧游图册》之《秋柳鸣蝉》

沈周对于人应如何面对已至老境的现实和度过所剩无多的光阴的思考，也是作《卧游图册》当下的自白。

　　成化二十二年（1486）中秋前一夜，沈周与浦舒菴、祝允明及家中子侄共七人赏月，作《十四夜月图》（图2）并诗。所谓"十五的月亮十六圆"，八月十六才是月色最美之时，60岁的沈周和浦舒庵却从十四夜就开始赏月，这本身就能看出他对待时间异于常人的态度。

少年漫见中秋月，视与常时不分别。

老来珍重不易看，每把深杯恋佳节。

老人能得几中秋，信是流光不可留。

古今换人不换月，旧月新人风马牛。

后生茫茫不知比，年年见月年年喜。

老夫有眼见还同，感慨满怀聊尔耳。

今宵十四已烂然，七客赏争天下先。

图2　沈周　《十四夜月图》　波士顿美术馆藏

庭空衣薄怯露气，深檐稳坐仍清圆。

东风轧云轻浪作，蓦把太清渣滓却。

浮云虽欲忘吾人，壶中有酒且自乐。

舒庵况是吾故人，酒政有律无哗宾。

递歌李白问月句，自觉白发欺青春。

青春白发固不及，且把酒波连月吸。

舒庵与我六十人，更问中秋赊四十。

古来以花好月圆写人生有限的名篇无数，沈周的"古今换人不换月，旧月新人风马牛"正从李白《把酒问月》中的"今人不见古时月，今月曾经照古人"化来。然不同于李白之后那些老生常谈的诗作，沈周中秋诗的特殊之处在于并非单以己发，而是与"年年见月年年喜"的后生并叙同行。因此沈周所感慨的，也就从个人的衰老，升华为对一段普世的人生历程的回观。

那夜，沈周与浦舒庵同为 60 岁老人，沈周长子云鸿 37 岁，祝允明 26 岁，季弟豳 17 岁，次子复 5 岁，亡弟召之子应蟾、应奎亦年少 1。对沈家的后辈们，尤其是才 5 岁的沈复来说，中秋佳节的月亮和平常并没有什么区别，让他们感到开心的是每年这个时候可以暂时放下学业，一家人聚在一起吃筵赏月。

当欢饮至深夜，两位 60 岁的长辈相递声高唱李白的《把酒问月》2，在座的年轻人只觉欢喜融洽，甚至开始期待起下一年的中秋。沈周当然不会责怪沈豳和沈复听不出李白诗里对人间美好的留恋和青春白发的感叹，毕竟年少时的他也曾"年年见月年年喜"，等到识得曲中意，已是曲中人。

未来永远是属于一代又一代的年轻人的，沈周自嘲已到了被老天遗忘的年纪。但此刻的他还有"且把酒波连月吸"的豪迈和"更问中秋赊四十"的贪求。他还没有忘记作诗，没有忘记绘画，而所有艺术表达的本质都是因对具体生活仍保有最真挚的热爱。何况，身边的这些年轻人都让他充满期冀，期冀他们成才，去体味各自的人生。

祝允明因为家庭（祖父祝颢，外祖父徐有贞，有贞孙女徐氏

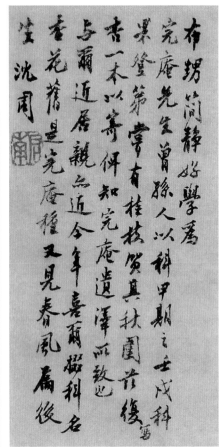

图3　沈周　《杏花图》　故宫博物院藏

又为沈云鸿妻）的关系，几乎是沈周看着长大的，虽然年龄上的差距如父子，二人却情好如兄弟[3]。他传承了家族的优良基因，"五岁作径尺字，九岁能诗。稍长，博览群书，文章有奇气。当筵疾书，思若涌泉。尤工书法，名动海内"（《明史·祝允明传》）。

当年同游者的子孙，除祝允明外，沈周还与刘珏的后辈们亲近相契。刘珏的小儿子不学无术、好吃懒做，还曾不顾沈周的请求强行买走了沈周父亲沈恒的遗墨。在赠给刘珏孙刘传的诗中，沈周称赞刘传聪慧有家风的同时，还劝诫他应以祖父为榜样而不要学舅舅[4]。弘治十五年（1502）的春闱（会试），"完庵先生曾孙"刘布（或许就是刘传之子）高中进士，沈周作《杏花图》（图3）一幅远寄京城为贺。而此前刘布秋闱（乡试）中举，沈周就曾作《桂枝》一幅贺其"折桂"。

布甥简静好学，为完庵先生曾孙，人以科甲期之。壬戌科，果登第。尝有《桂枝》贺其秋闱，兹复写杏一本以寄，俾知完庵遗泽所致也。与尔近居亲亦近，今年喜尔掇科名。杏花旧是完庵种，又见春风属后生。沈周。

弘治二年（1489），沈周在双峨寺，友人文林之子，20岁的文徵明来访，观沈周作《长江万里图》，佩服得五体投地，下定了从其学画的决心[5]（图4）。晚年沈周作《落花诗》与图，

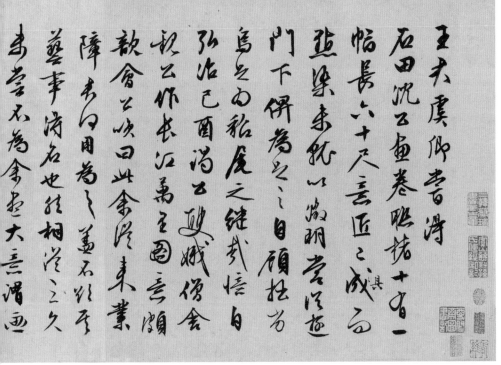

图4　沈周、文徵明　《合璧山水卷》（局部）　大都会美术馆藏

文徵明最先和了十首。他太爱老师的诗与画，也最明白蕴藏其中关于光阴的深意。等他到了同样甚至更老的年纪，抄写《落花诗》依然是经常要做的功课。

见老友的子孙们一个个长大成才，沈周发自内心地为他们高兴，也为亡友的在天之灵感到宽慰。至于沈周自己的子孙呢？

沈云鸿，字维时，为陈慧庄所出。他年幼时便像父亲一样爱书如命，下雨天屋子漏水，竟脱下自己的衣服包住书卷[6]。长大后的他以"文学称家，尝为昆山县阴阳训术"（文徵明《沈先生行状》），"特好古遗器物书画，为江南鉴赏名家"（文徵明《沈维时墓志铭》），可惜52岁便因病去世。然即使作《卧游图册》时沈云鸿尚在，亦年岁不小，最后剩下的这幅《雏鸡》指向的更可能是幼子沈复，或者还有沈周63岁那年抱得的孙子沈履。

> 茸茸毛色半含黄，何独啾啾去母傍。
> 白日千年万年事，待渠催晓日应长。
>
> ——沈周《雏鸡》

儿孙尚年幼，沈周却已经很老了。自知无法再陪在他们身边多久，沈周柔声地告诉这群早早离开母鸡的雏儿们不必惊慌：雏鸡总有一天要肩负起报晓的责任，但不用着急，当下生命之旅才刚刚开始，未来还有一千个、一万个白日，等着他们慢慢长大。

## 注释

1.成化十六年（1480），沈周作《应蟾堕学有作》："老境无所役，揖揖理旧书。目昏不能读，理之良有娱。所望二三子，诵习在勤勉。但惜各有年，外慕不能无。蠢堕惟蟾者，顾非千里驹。畏学屡逋逃，何异某盐车。我耻凉薄德，不是化室庐。成人固莫责，坠先远可虞。戚戚坐终宵，抚膺气郁纤。所乏渊明达，进酒以自舒。"又陈颀《同斋沈君墓志铭》中载沈恒有三子：周、召、齮；三孙：云鸿、应蟾、应奎。云鸿为沈周长子，沈齮此时年幼，应尚未生子，则应蟾、应奎当皆为沈召之子。按应蟾于成化十六年堕学，两年后的八月十四赏月时应仍是少年。

2.李白《把酒问月》："青天有月来几时？我今停杯一问之。人攀明月不可得，月行却与人相随。皎如飞镜临丹阙，绿烟灭尽清辉发。但见宵从海上来，宁知晓向云间没？白兔捣药秋复春，嫦娥孤栖与谁邻？今人不见古时月，今月曾经照古人。古人今人若流水，共看明月皆如此。唯愿当歌对酒时，月光长照金樽里。"

3.祝允明《怀星堂集》卷四《怀知诗·沈周先生》："惟予二祖，式契且姻。亲公自髫，属于夕昕。齿维父子，视犹季昆。"

4.沈周早年有《家君木石小景为刘完庵季子中欲夺周爱而莫割然终不能遏也因赋而归之》与《示刘甥传》，后者内容为："蔼蔼故家风，青春敏更聪。懒休如汝舅，高可望而翁。事业千编竹，年华一转蓬。寸阴能自惜，朱紫笑谈中。"

5.现藏大都会美术馆的沈周、文徵明《合璧山水卷》后有文徵明题跋，回忆了最初拜入沈周门下学画的经过："王君虞卿尝得石田沈公画卷联楮十有一幅，长六十尺，意匠已成（具）而点染未就。以徵明尝从游门下，俾为足之。自顾拙劣，乌足为貂尾之继哉。忆自弘治己酉谒公双娥僧舍，观公作《长江万里图》，意颇歆会。公笑曰：'此余从来业障，君何用为之，盖不欲其艺事得名也。'然相从之久，未尝不为余尽大意，谓画法以意匠经营为主，然必气运生动为妙，意匠易及，而气运别有三昧，非可言传。他日题徵明所作荆、关小幅云'莫把荆关论画法，文章胸次有江山'，褒许难过，实寓不满之意。及是五十年，公殁既久，时人乃称余善画，谓庶几可以继公，正昔人所谓无佛处称尊也。此卷意匠之妙，在公可无遗恨，若夫气运，徵明何有焉。嘉靖丙午四月望后学文徵明识，时年七十有七。"

6.沈周《屋漏》有"痴儿护书卷，脱衣致重袭"之句。

## 后记

# 不必向长安

西周初至唐末的两千多年间，长安十三度成为中原王朝的首都。虽然后代皆未定都于此，人们却早已习惯以长安之名指代京城。比如，中年苏轼回忆起同弟弟苏辙第一次来到汴京时的情景，便说："当时共客长安，似二陆初来俱少年。"（《沁园春·孤馆灯青》）

实际上，"二陆初来"的晋朝都城也非长安，而是洛阳。曾经的长安是繁华和秩序的象征，承载了关于功名与富贵的梦想。当它失去往日地理的重要性，便化身为一个精神的地名附身于每一代的都城之上，依旧释放出令所有人难以抗拒的引力，辐射着整片中华大地。在沈周生活的明代，亦不例外。

成化十七年（1481），吴江沈庠（字尚伦）高中进士。兴奋的他找到隐居相城乡下的当世画圣沈周，请其为己所藏之画作题。向来慷慨的沈周没有拒绝，于是就有了下面这首诗：

盖头漫有三间草，涂足都无十亩禾。

未信长安春似海，归人不及去人多。

——沈周《为沈尚伦进士题画》

　　此图今已不传，从诗中描述来看应是《竹林茅屋图》（P131）一类表现隐士田园生活的内容，属于沈画中最常见的主题之一。特别之处在于，沈周的题诗里并没有表示恭贺或预祝大展宏图的客套话，而是暗含规劝：三间茅屋，十亩稻田，便足以安生立命。常听人说起长安种种的好，难道连那里的春天也比江南更美些吗？五十多年里"我"闻见离开长安回到家乡的人，比去往那里的人还要多。

　　沈周以这样一首诗相赠沈庠，用意在何？"酸葡萄心理"是可以最早排除的。因为一年前明宪宗颁布《征聘诏》点名要沈周出山赴用，被其拒绝。而在沈周二十八岁时，他就卜筮《周易》得《遁》卦九五"嘉遁贞吉"，婉拒了时任苏州知府汪浒的举荐。如果心向长安，他早就该去了。

　　客死京城的太医刘溥，没赶上母丧的刑部主事刘珏，在政治斗争中险些丧命、于成化初年侥幸归老的武功伯徐有贞，都是沈周前半生的知交。过去的五十多年里，不曾远离家乡的沈周反而成为一个固定坐标，一个无法真正置身事外的旁观者，像诗中所说的那样，见证了太多的远游与归来。或者再也没有归来。

　　东汉马少游常哀叹其从兄马援慷慨有大志，劝他："士生一世，但取衣食裁足，乘下泽车，御款段马，为郡掾吏，守坟墓，乡里称善人，斯可矣。致求盈余，但自苦耳。"（《后汉书·马援传》）后来，马援封伏波将军，远击交趾（今越南），于"下潦上雾，毒气熏蒸，仰视飞鸢砧砧堕水中"，心中念起当年弟弟少游口中的平淡生活，已不可复得（沈庠入仕后按察贵州，亦奉旨出使越南，大部分时间实际并未在京城度过）。

不想沈庠重蹈马援晚年那样的经历，当是沈周规劝沈庠的一个重要原因，也即本书书名的来由之一。但相信全书阅读至此处，你或许也和我一样看到了"不必向长安"的另一层含义：

沈周做了一辈子的隐士，足迹未出"江浙沪"，却也有过相濡以沫的爱情，刻骨铭心的旅行，曾喜极而泣，亦曾痛彻肺腑。他和亲友在虎丘畅饮，亦在虎丘泪别；于西山杖游，亦在西山作奠；于祖宅秋轩内与父辈们举觞为寿，又在亲营的有竹庄内陪儿孙赏月。沉浮乡里的快乐，自是奔波车马间者所无法领略的。至于那世间的悲欢离合，宠辱得丧，青春白发，更是去不去长安都无法逃脱的命中注定。

历来人们写沈周，粗识者爱其风雅而难具其深致，得其深致者又易染其暮气。这是因为沈周诗画优美的笔触下，时常流露出一种淡淡的伤逝的幽情。殊不知，沈周的忧伤源自他的清醒，他的潇洒和温情亦然。清醒地认识到今花之鲜不及昨日，今夜共话之人明日或许天各一方，所以对当下的生活投入特别的关注，细细体会看似寻常的日常，尽情于每一刻的欢愉，珍重每一次的相聚与别离。

对后人来说尤为难得可贵的是，所有这些珍贵的记忆都被沈周形之于画图，记之以诗文，而得以大大超越个人的寿命，历百年而不朽。如果借我的"抽丝剥茧"，能让读者感受到那一缕存留笔墨间的温度，就是这本书最大的意义。